隠蔽された女米騒動の真相

警察資料・現地検証から見る

立花雄一
Yuichi Tachibana

日本経済評論社

目次

まえがき

大正七（一九一八）年夏、富山湾岸の津々浦々の女たちによって惹き起された米騒動がいったん県外に報じられるや、たちまち激しい都市暴動に転化し、さらに全国域にひろがった。それは史上最大の騒動となった。その状況や規模については、各種の歴史辞典、百科事典、また全五巻の大冊である、井上清・渡部徹編、京都大学人文科学研究所米騒動研究班『米騒動の研究』（有斐閣、昭和三四〜三七年）、あるいは歴史教育者協議会編『図説 米騒動と民主主義の発展』（民衆社、二〇〇四年）等に詳しい。そして、その米騒動の年から、もう百年を迎えようとしている。さて、それなら、米騒動の研究は尽きているのであろうか。

この小論の目的は、米騒動の全像を見つめなおそうとするものではない。すなわち、以下に列挙する富山県警察部、特高課資料、他に郡役所報告等の当局側資料を含む、いわばわずかに覗きえた官側資料の検証を軸におきながら、米騒動発端地である富山県下女米騒動の特質を、蜂起した女たち、警察等取締治安当局者側、県内四新聞、米騒動研究家たちという、その四者の直接・間接的絡みから見つめなおしてみる——つまり、米騒動初期段階を再検討してみるにすぎない。

以下に検討する富山県警察資料名を順にならべる。

〔一〕 所謂「女一揆」ノ真想《ママ》ニ関スル件

〔二〕　所謂「越中女一揆」ト新聞記事トノ関係ニ就テ

——以下八点は〔二〕の付属資料——

〔二〕-一、富山県下ニ於ケル米ニ関スル紛擾沿革一覧表

二、明治四十五年米問題ニ関スル四新聞記事概要及批判一覧表

三、大正七年米ニ関スル哀願運動状況一覧表　自七月二十三日至八月十九日

四、第四《ママ》、大正七年富山県下ノ所謂「米騒動」ニ関スル富山石川大阪ノ諸新聞記事一覧表

五、所謂「米騒動」ニ関スル新聞中特ニ注意ヲ要スル記事一覧表

六、関係諸新聞差押一覧表

七、滑川町ニ於ケル激越不穏言動者（十一名）陳述要旨

八、第八《ママ》　高岡新聞〔報〕社主筆井上忠雄ノ本件ニ関スル思想（八月廿日高岡新報所載）

以上、〔一〕は大正七（一九一八）年八月十二日付。〔二〕は同八月下旬付文書である。すなわち、富山県警察部によって作られた文書〔一〕〔二〕は、ともに一九一八年夏、「越中女一揆」が他府県に燃え移り、所謂「米騒動」として、ほとんど全国域に燃えひろがっていく、その前段階と後段階において、怱忙《そうぼう》中にもかかわらず書きあげられたものである。〔一〕は県外警察部長向けに。〔二〕は県内公表向けに。これほど周到な米騒動資料は、常日頃から準備されていなければ、できないものであろう。それなら、さっそく、その点検に入る。

（一）　女たちの米騒動

米騒動前史

順序不同ながら、はじめに米騒動前史をたずねるところから稿をおこしてみたい。米騒動は、富山県（越中の国）では幕末のころから、女たちの年中行事のように定着してきている。たまに、ところにより男たちの騒動があったけれども。さて、大正七（一九一八）年米騒動が全国にひろがりつつあった、まだ延焼中の八月末、発端地である富山県警察部がはやくも公表した、多量の米騒動関係資料のなかに、〔二〕―一「富山県下ニ於ケル米ニ関スル紛擾沿革一覧表」がある。まずはその概要から見ていきたい。

ちなみに、これは県内紙『高岡新報』が公表直後の同年九月一日以降同紙上に載せた「明治以降の米騒動（富山県警察部調）」と内容が同一である。また、同「一覧表」は、後年長谷川博・増島宏「「米騒動」の第一段階――富山県下現地調査を中心として」（法政大学社会学部学会編『社会労働研究』第一～二号、一九五四年）、京都大学人文科学研究所米騒動研究班『米騒動の研究』、あるいは田村昌夫他『いま、よみがえる米騒動』（新興出版社、一九八八年）中に、補筆や、省略や、一部欠落があるが、掲げられてある。だが、本書巻末に付す警察資料〔二〕―一は原文をそのまま忠実に転記する。なぜ「忠実に転記する」かというと、県警察の作成意図を原寸通り見極めたいからである。たとえ悪意のない加筆や省略も、ときに証拠湮滅や、おもいもよらぬ、改竄に陥りかねないから（以下同断）である。

ところで、この富山県警察部責任作成の「富山県下ニ於ケル米ニ関スル紛擾沿革一覧表」（二一-一）によると、明治二（一八六九）年の中・下新川郡に跨る、バンドリ騒動を最後にして加賀藩下の百姓一揆は終りを遂げ、同四年廃藩置県後（警察制度下）における、県下米騒動の発生は、明治四五年までに、以下のとおりであったという。

すなわち、明治八年魚津、上市、四方《よかた》をかわきりに、九年生地《いくぢ》、一〇年水橋、一三年新湊、一三、一四年泊、宮崎、境、五ヶ庄、一八年泊、二一年四方、二二年富山市、二三年富山市、東岩瀬、東水橋、西水橋、魚津、新湊、高岡、伏木、二四年氷見《ひみ》、二五年生地、二七年泊、三〇年魚津、生地、新湊、石動《いするぎ》、三一年東岩瀬、魚津、泊、三六年泊、四〇年泊、四四年東岩瀬、魚津、四五年東岩瀬、東水橋、西水橋、滑川、泊、富山市、四方、新湊、石動へとうちつづく。

このように、明治新政府が中央単一国家となった、明治四（一八七一）年から明治末の四五（一九一二）年までを数えると、米騒動のあった年は全部で一八年に及ぶ。その四〇年間のうち、半分に迫る。すなわち、富山県では、米騒動は切れ目のない鎖のごときものとして、累年のように起っていたのである。そして、各地それぞれの地の頻度を数えると、泊の七回を筆頭に。次は魚津が五回。水橋、新湊、東岩瀬が四回。四方、生地、富山が三回。石動が二回、上市、宮崎、境、五ヶ庄、滑川、高岡、伏木、氷見が各一回。そして、県西部の高岡、伏木、氷見、新湊、石動が男子部隊。他は女子部隊である。この女子部隊のうち、内陸部にある富山、上市以外は、みんな県東部の富山湾を巻くように、海沿いに列なる、漁師町のおばば、おかかたちが本隊。彼女たちは、いずれかの浦が口火をきれば、まるで反響をあわせるように、呼応してたちあがっている。

越中女房米一揆

ところで、もっとも詳細な研究書である井上清・渡部徹編『米騒動の研究』によると、近代に広域的米騒動は三度あるという。

第一回は明治二三（一八九〇）年、富山、鳥取、新潟、福島、山口、京都、石川、秋田、福井、滋賀、愛媛、宮城、奈良の一三府県にひろがった米騒動。第二回目は同三〇（一八九七）年、富山、石川、長野、山形、新潟、福井等六県にひろがったそれである。第三回目は所謂米騒動の代名詞となっている、富山県東部の漁師町をなめつくすところから始まった大正七（一九一八）年の米騒動である。このように、三度あるという全国的米騒動のいずれもが富山県が発端地である。さらに細かに初発地を挙げ、明治二三年の第一回目が富山市（一月一八日）。同三〇年の第二回目が魚津町（五月末）。そして大正七年の第三回米騒動がやはり魚津町（七月二三日）であるという。

以上見てきたように、米騒動は、富山県では歴史的特産に等しい。それは幕藩体制下の末期からだが。明治維新を経て、中央集権制国家となってからでさえ、半世紀余、それは年中行事と化していた。富山湾に沿って、ここでなければ、あそこ、夏ばかりでなく、ときに新米収穫時の秋、冬、春にも。処、季節を問わず起きている。そして、それは百姓一揆や、打毀しのような一過性のものでなく、持続的であり、一種の恒常的運動であったといっていい点で注目されるべきである。そして、県警察部一覧表が明記しているとおり、その実行者がほとんど細民の、正真正銘の底辺の女たちであったことも確認しておいていいだろう。

前へすすむ。

さて、いま見ている「富山県下ニ於ケル米ニ関スル紛擾沿革一覧表」とは、まぎれもなく管下米騒動に関する、富山県警察部作成による、詳細をきわめた年表である。ところが、よく見ると、この一覧表には、私の知る限り三件の重大な米騒動が記載されていない。すなわち、大正七（一九一八）年以前までの富山県米騒動前史中にである。もちろん県下の治安責任を負っている県警察部だからといって、管下すべての米騒動を記録しておかねばならぬ責任はないにしても。それならば、記載するまでもない小騒動であったろうか。だが、今述べる三件の米騒動は重要さにおいて最大級の米騒動である。それ故にこそ、県警察部編成一覧表から外され、公表が伏せられたものらしい。なぜ伏せられたか。その経緯については後章で攻究するので、いまは実在のあらましのみを以下にあかしておく。

すなわち、その三件の米騒動とは、其一は明治二二（一八八九）年に魚津であった米騒動であり、其二と其三とは同四五（一九一二）年生地《いくぢ》と魚津であった米騒動である。順に見る。

明治二三（一八九〇）年は、一月早々富山市から始まった米騒動が一三府県にひろがり、各地で放火、暴動が吹き荒れた年であるが、これに先立つ前年の二二年一〇月一三日魚津であった、其一の米騒動について、福沢諭吉主筆の『時事新報』がつぎのように報道している。「細民の噪動」と題して。

「越中国下新川郡魚津町にては去る十三日の事なりとか同地より米穀を輸出せんとて同港碇泊《ていはく》の汽船に運搬の際細民等は之を不満に思ひ無慮二千余人の大勢《おほぜい》がガヤ〳〵噪《さわ》ぎ立ちて運搬を妨げ今にも大事に至らんとする勢ひなれば汽船は一時同郡石田村沖合へ転して難を除《さ》けし程なりしが其筋の吏員出張の上懇々と説諭せしを以て漸く静まりたりと云へり」（明治二二年一〇月二〇日）〔注〕

さらに、『時事新報』のその記事を裏付けている、もう一つ見落せない資料がある。それは何かというと、富山県魚津を郷里とする、『毎日新聞』（現『毎日新聞』とは別）の社会探訪記者横山源之助は、「小作人生活事情」の調査のため、明治二九年から翌三〇（一八九六〜九七）年にかけ、魚津町に滞在したが、おりしもその時に横山が耳にし、そして熱心に調べあげた別の一文がある。すなわち、八年前の明治二二年（一八八九）年一〇月中旬魚津で両三日にまたがる、前例のない大きな米騒動が起きた。しかも、それが年の瀬を越えた翌二三年正月早々には、県都富山市に飛火し、さらに火は、一三府県にひろがり、佐渡では軍隊が出動し漸く鎮圧されるなど、各地で暴動となり、所謂近代最初の全国的規模の米騒動となった。その火元にひとしい魚津では、この明治二三年第一次米騒動のさなかにも、さらに重ねて前年におとらぬ大米騒動を再発させている。この年、富山県下は七箇所で米騒動が続き、魚津は、またその一つに加わっていたのである。かくして、町では、開闢以来の大きな米騒動が両年も打ち続いて起き、そのうえ、狂風のように第一次米騒動を全国に誘発させて、世間に申し訳なく思ったのか、こころある有志たちが鳩首相談した結果、日本国のどこにも先駆けて、この年に一種の救済制度を立上げた。つまり米騒動の防止を図ろうとしたのである。米騒動の爆発からそういう嚆矢的社会福祉制度がつくられていった経緯を、漁民生活事情の省察をも絡めて、社会問題の解決を畢生の宿願とした横山源之助が詳細に書きとめ、徳富蘇峰の、民友社の雑誌『国民之友』に送っている。それは同誌第三四〇～三四一、三四五～三四六号（明治三〇年三月二〇日～五月一日）に、四回にわたって掲載されている「世人の注意を逸する社会の一事実」に他ならぬ。

その中に、こうある。

「明治二十二年は二月、三月の頃は米価僅に五円台にありしもの、六月七月に至りて六円に騰り、七月に入りて六円二三十銭に出で、十月に入りて遽《にはか》に七円の上に出《い》でたり。（略）風説は風説を起こして、今にも米価は八九円に騰るべしと称するに及ぶ。俄然として、一夜細民の群をなして路上を往来するを見る、米商の姓名を呼び罵詈の辞句を半紙に記して橋の畔、電信柱に張れるを見る、日を経るに随ふて益々喧騒を致し、或は米商の門戸に石を擲ち、甚しきは米商某を殺すべしなど放言するを聞くことさへあるに至る。人心恟々として町民一般安き心もあらざりし時も時。／十月十二日午後三時の頃、汽船北海道丸伏木港を発して魚津湾に投錨す。汽笛の響声を聞けると共に細民何辺よりともなく海浜に集り、米商の畜生等は米を汽船に売り渡すぞや。是を出しては我等は明日より生命はなくなるぞ、と叫呼の声濤声に和して凄しく、出張せる警官四方に走りて、慰撫をつとむといへども随つて払へは《ば》随つて集り、海浜は細民の群集にて立錐の地だもあらざるに至りぬ。翌朝、乱民の散せるを機として、人足をして米穀を運搬せしめつゝ、ありしに、又もや鬨の声を揚けて四方より集まり、其の前後を遮きり、汽船に対《むか》ひては罵詈乱言、米を肩にし来る運搬夫を見れは砂を蹴つて其の者を打擲し、米俵を肩より奪ひ、憤を遣〔や〕る。急を聞いて富山表より警部出張し、北海道丸は辛ふじて僅に八十石余の米を得て抜錨し去るに至りて、漸くにして鎮定するを得たり。乱民の中にて其の七八分は漁民なりき。」

〔注〕（1）明治二二（一八八九）年一〇月中旬に魚津であった米騒動につき、富山県内紙二紙に、つぎのような記事が残る。

（『富山日報』明治二二年一〇月一六日）「◎鈴木警部長　一昨十四日本県警部長鈴木警部は下新川郡《しもにひかはぐん》魚津へ出張仝日帰署せられしが右は細民紛擾に就ての御用なりし由」。

（2）（『富山日報』同日）「◎細民の噪動　去る十三日下新川郡魚津町の細民□□《不明》が仝地より米穀を輸出するを不満に思ひ米穀を蒸滊船に積込まんとするに際し無量《むりよう》二千余人の大勢《たいぜい》がガヤ〱噪ぎ立ちたるを以て其筋の吏員が出張の上懇々説諭して漸く静まりたりと云ふ右の始末に付き滊船は一時仝郡石田村沖合《をきあひ》へ転じ碇泊し居《ゐ》たる由」。

（3）（『北陸公論』明治二二年一〇月一六日）「●一揆　米価の乱昂《らんかう》も漸く速力を減じ細民等はホツト一息《いきつ》吐く間もなく下新川郡魚津町の山師連中は一昨日《さくじつ》又々《また〱》二三千石の米穀を滊船に積込み輸出せんとせしを聞伝《きゝつた》へたる同町字上下猟師町餌指町等の細民数百名は一時に騒ぎ起ちて妨害を試み容易に解散せざる為め鈴木警部長も急行にて現場《げんば》に出張する等余程《よほど》の大騒動《おほさうどう》を惹起《ひきおこ》したるよし詳細の事実は追《おつ》て探報《たんぽう》の上記載すべし」。

消された米騒動

さて、以上見たように、『時事新報』や横山源之助の「世人の注意を逸する社会の一事実」を典拠とすれば、明治二二（一八八九）年一〇月一一～一四日、三日間にわたる、群集「二千人余」が騒ぐ大型の米騒動が魚津町であり、その結果標的にされた、遙か北海道へ売渡されるべき輸出（移出）米を積載して出港するはずであった汽船がほとんど荷を積みえずして去った。この時に、県都富山市から富山県下の警察責任者である鈴木（定直）警部長が急遽出張してきていながら、その警察部作成の明治期県下米騒動年表である紛擾一覧表には、その大型米騒動はどこへ消えたか記載がない。ここでは、そのことを隠蔽第一号として確認しておくことにしよう。

つぎも、やはり富山県警察部作成「富山県下ニ於ケル米ニ関スル紛擾沿革一覧表」上に記載されていない、其二、其三についてである。この二件は、いずれも明治四五（一九一二）年のものである。明治四五年は富山県では、明治二三年、同三〇年、大正七年にも劣らず、米騒動が激発した年である。その片鱗は、県警察部の米騒動資料の一つ「明治四十五年米問題ニ関スル四新聞記事概要及批判一覧表」（巻末資料（二）-二）なるものを借覧してもおよその見当がつくだろう。それなら、その明治四五年に、富山県のどこで騒動があったか。県警米騒動年表「沿革一覧表」をふたたび繰ると、東岩瀬、東西水橋〔ママ〕、滑川、泊、富山市、四方、新湊、石動という順序で、計八箇所であるという。このように、「沿革一覧表」には、生地町、魚津町の米騒動がやはりなぜか記載されていない。どの年にもまして大きかったといわれるのに。そこで、その二つについて追ってみる。

まず、生地の米騒動については、私がたまたま目にした、『大阪朝日新聞』明治四五年六月廿八日付の紙上に、こんな記事が見える。

見出し「窮民米俵に縋る」、副題「△而も男女約三百名」とあり、本文にこうある。

「越中国下新川郡《ゑっちうのくにしもにひかはごほり》の各地貧民は四五日前《ぜん》より米価暴騰に騒ぎ立ち魚津、生地《いくぢ》、三日市《みっかいち》三町にては貧民救助を叫びて役場に迫る等不穏の形勢なる際汽船球陽丸が二十六日生地港に寄港し北海道行の米四百石を積み入れんとせしかば斯《か》くと見たる窮民男女約三百名は海岸に駆附け米俵に縋《すが》りて汽船に積込を許さゞりし為同船は遂に一俵をも積込むこと能《あた》はずして出帆したり（高岡電報）」と。

さらに、翌々日、すなわち同年六月三十日付同紙に、つぎのような、詳細をきわめた追報がこれに続く。見出し「●女軍米俵に縋る」、副題「△荒れ狂ふ五百人」とあって、記事に、

「越中生地町《ちやう》の住民が輸出米積込みの妨害をなせし事件は既記《きき》の如くなるが猶その詳報を聞くに二十六日未明のことなり、越中伏木港を発せる汽船球陽丸が同午前十時頃生地港に入《い》り生地町役場《いくぢちやうやくば》が貧民救助のため伏木にて買入れ同船に積みたる外国米五十袋（三十石余）を陸揚げせし後生地倉庫株式会社扱《あつかひ》の輸出米五百石を北海道小樽へ送るべく積取らんとせしに斯《か》くと知りたる神明町《しんめいちやう》、上町の婦人連大《おほい》に騒ぎ出し橋向ひなる宮川町、阿弥陀町の女房連と相呼応し同勢五百名二手に分れて一手《ひとて》は浜辺に出《い》で艀《はしけ》の積込みを妨げ一手は町役場及び倉庫会社に迫りて大喧噪を極めたれば駐在巡査、役場員等力を協《あは》せてさまざまに慰撫せしが聞き入れず米俵を担《にな》はんとする仲仕《なかし》あらば数百の女軍《ぢよぐん》之を封鎖して暴行し騒擾六時間に亙《わた》るも鎮撫せられざりしため球陽丸は止むなく空船《からぶね》にて出帆したるなりと、因《ちなみ》にこの米は荻《おぎ》生《ふ》村の荻野幸作が北海道に送らんとせしものなり（高岡電報）」とある。

県東部の生地は小さな町ながらよくまとまった漁業熱心なところだが、それにしても「荒れ狂ふ五百人」もの女軍とは。語をそえれば、この明治四五（一九一二）年六月における、生地の米騒動は「廿三日以来」「連日連夜」（巻末資料〔二〕-二）の激しさであったという。

つぎは、同年六月二六、二七日の魚津の米騒動である。これについては、後年襲った方の江口つた、襲われた方の米商浜多与兵衛の、対峙する恰好の生き証人二人が、異口同音に、輸出（移出）米を積ませず、力で蒸気船を追い払ってしまった、大正七（一九一八）年の米騒動とくらべて、

江口つた「魚津では、明治四十五年のときのほう（米騒動）がもっと大きかった」〔注1〕。

浜多与兵衛「大正元〔＝明治四十五〕年と七年の騒動を比較し、大正元年の方が魚津に於ては遥かに大きかった」〔注2〕

と、述懐している言葉は、明治四五年における、魚津の米騒動がどんなに激しく、大きかったことか想像させるに足るだろう。

さて、以上のように、富山県警察部作成の米騒動一覧表の明治四五（一九一二）年欄には、生地と魚津の米騒動が欠落していることは明白である。そうすると、この年の富山県下米騒動総数は八件ではなく、生地、魚津の二件を加え、さらに『大阪朝日新聞』（同年六月二八日）記事中に魚津、生地とともに名をあげられてある三日市の一件を加えると、計一一件となる。そして、つぎに注目すべきは、以上一一件の米騒動がすべ

て同年六月下旬に集中して起きていることである。

たとえば、東岩瀬六月二一、二四日、生地六月二三日以降連日連夜、魚津六月二六、二七日、滑川六月二九日等。六月下旬、同時に火を噴いた、この富山県下一斉女米騒動は、七月以降ばったりと止んでいる。七月二〇日明治天皇不例発表、同月三〇日崩御。明治四五年という、明治時代の最終年に、富山県の女たちが同時に蜂起した、おどろくような、この一斉女米騒動の顚末はわずかに官側の記録にその痕跡をとどめているが、それはほとんど歴史から忘れられている。

かくして、七年後、大正七（一九一八）年に、富山湾岸からまたもや連発して起った女米騒動は、明治四五＝大正元（一九一二）年の体験を生々しくよみがえらせていく。

〔注1〕　立花雄一「横山源之助と米騒動」（『大原社会問題研究所雑誌』第四八七号、一九九九年六月号）。
〔注2〕　長谷川博・増島宏「「米騒動」の第一段階――現地調査を中心として」（法政大学社会学部学会編『社会労働研究』創刊号、一九五四年一月）。

米騒動の年

以上、明治期に三件ある、公表記録から抹消された米騒動は、いずれも蒸気船追い払い事件であったことを記憶しておいていい。それでは、つぎに大正七（一九一八）年の米騒動ではどうか。明治期同様に蒸気船の追い払い事件がありながら、抹消がなかったか。そこで公記録富山県警察部「大正七年米ニ関スル哀願運

動状況一覧表　自七月二十三日至八月十九日」（資料（二）-三）や、その他を調べてみると、蒸気船の寄港があって、起った騒動は四件をかぞえることができる。すなわち、

七月二三日　　魚津　〔伊吹丸寄港〕
八月四〜五日　生地町・石田村　成城丸（天成丸＝『高岡新報』）寄港
六日　　　　　滑川　伊吹丸寄港
八日　　　　　滑川　三徳丸寄港

この四件の汽船寄港のうち、八月四〜五日石田浜における、生地町・石田村連合軍による妨害事件、および八月八日滑川であった三徳丸事件については、騒動の縮小はあっても、一覧表に一応は記載されている。ところが、七月二三日魚津で実際にあった伊吹丸事件は、一覧表には伊吹丸の船名がどこにも記載されず、この日汽船の寄港があったかさえも書かれていない。また八月六日滑川であった伊吹丸事件にいたっては、一覧表にまったく記載されてない。

このように、大正七（一九一八）年米騒動にも、やはり県警察部一覧表から記録上抹消されている重要騒動が二件ある。それはいずれも、明治期三件の米騒動同様、事実は実力をもって蒸気船を追い払ってしまった事件である。その魚津伊吹丸事件については後章で詳しく検証するつもりであるが、滑川伊吹丸事件の真相については、戦後最初に実施され、そして同地唯一の学術実地調査である、長谷川博・増島宏「「米騒動」

の第一段階――富山県下現地調査を中心として」（法政大学社会学部学会編『社会労働研究』第一〜二号、一九五四年）の証言、および巻末一括資料（二）-三に付した「私記／新聞記事・現地調査等との差違」欄を参照願う。

弁護士協会談話

さて、これからは、もう一つ別の難問にぶつかることになる。女に、一人の犠牲者もなかったことである。どんな小罪にも。

騒動、一揆とは、騒擾、騒乱、動乱、暴動とおなじく、第一級の重大犯罪である。大正七（一九一八）年の米騒動の時には、騒擾罪が適用され、全国における検事処分者は死刑を含む総計八二六二名。最多の福岡県が七四〇名、首都東京府が二九四名であった（『米騒動の研究』第五巻）。にもかかわらず、率先地である富山県では、後に男性一名を除き、起訴された女が一人もなかった。魁元凶である女たちが処罰皆無であるのはどうしたことか。

その解明の手掛かりに、一つの資料を見ておく。

日本弁護士協会調査委員の談話である。それは大正七（一九一八）年の米騒動が終熄にむかいつつありながら、なおあちこちでいぶっている時に調査を行い、騒動実行者側でも、取締り側でもない、第三者的立場から語られているはずである。それが京都大学米騒動研究班『米騒動の研究』第一巻中の富山県下米騒動論評箇所では、『信濃毎日新聞』大正七年九月一一日分が採られた。それから二日後の九月一三日『山陰新聞』

にも、ほとんど『信濃毎日新聞』上の記事と字句の違わない同一談話が載っている（私が両紙を見たのは大原社会問題研究所の蒐集資料の中からである）。そこで、後者には前者中には見当たらない弁護士名、検事名があるので、その一点にひかれて、以下に『山陰新聞』の談話を全文引用する。

――記事の標題に、「富山の女一揆には／一人の起訴も無い／当局の処置もよかつたが／彼等は一切乱暴を避けた」とある。そして記事に、

「日本弁護士協会より騒〔擾〕取調委員として甲越地方へ出張を命ぜられたる弁護士宮島次郎氏は、今回の騒擾の本家たる富山の女一揆を詳細に調査したるが其の談に曰く、『今回の暴動魁とも云ふべき富山県下の女一揆に就き、私は寧ろ興味をもつて調査研究した。由来同地方は、男は主として出漁に出で、家の内政外交は総て女房がやつてゐる。官庁への届出《（い）》でも、近隣との交渉も女の手で片附けて、男主人は没交渉である。その外交内政をつかさどる女房連が奮起したのだから深刻だ。米の高いのが犇々とこたへる。殊に七、八月は漁がない。俗に鍋割月と云つて、鍋をかけても、入れるべき材料がないから鍋が割れると云ふ意味から来てゐる。今年の七、八月は殊にそれが甚だしい。その上に米が馬鹿に高い。それで最初西水島《（橋）》の漁夫の女房連が奮起したのである。それが徒らに竹槍などを持つて騒ぐのではない。米屋や富豪の門前で土下座して、米を他国へ出さぬようにして呉れるように哀訴歎願するのである。それが段々東水島《（橋）》、魚津、滑川等に移つて、同県下千人以上の女房が奮起した。けれども乱暴はせぬ。不穏の行動らしいのを挙げると、今しも米を他国へ送る可く船積みをする仲仕連を抑留する位いで

あつた。然しそれとて法に触れるべき行動に出《い》でなかつた。其処で同情は彼等の上に蒐まつて、郡長や資産家が先になつて、救済策を講じ、現に廿五銭の廉価で彼等は日本米の上等を喰つてゐる。それなのに、一人の起訴者も出なかつたのは、彼等の行動に無理がなかつた為でもあるが、一つは当局の処置もよろしかつたのだ。同地方検事正は杉本時三郎といふ人だが、我輩が行つたら非常によろこんでゐた。若しこれが東京だつたら、屹度無理にも犯罪者を拵らへたかも判らぬ。そして多くの弊害を生んだらうが、今回米騒動の魁の地に何等の不祥事を出さなかつたのは、実に愉快を感じた』云々。」と。

この談話はまことに要領よく、その上実に多くの啓示に富んでいる。一応要点を摘んでみる。

第一は、騒擾調査委員として甲越地方を担当した弁護士会代表調査氏の談であり、その談の背景に富山県地方の、検事正氏の言があること。第二に、富山県地方の漁師町の女房主導型、嬶《かかあ》天下的風土性をほぼ的確に掴んでいること。第三に、騒動は土下座をし哀訴歎願する哀願運動であり、行動に無理がなく、当局の処置もよろしかったという。第四に、一人の起訴も出さなかったこと。第五に、「不穏の行動らしいのを挙げると、今しも米を他国へ送る可く船積みをする仲仕連を抑留する位いであつた。然しそれとて法に触れるべき行動に出《い》でなかつた」とあること。第六に、「これが東京だつたら無理にも犯罪者を拵へたかも判らぬ」と洩らしていること等。そして、調査担当弁護士氏は、その談話の最後を「米騒動の魁の地に何等の不祥事を出ださなかつたのは、実に愉快を感じた」と結んでいるのである。

この記事には、弁護士会代表氏が初発地の検察責任者である検事正氏から歓待と実に要領のいい事件説明を享けて全面賛同している様子がありありとみえる。そこには、少しの疑惑も、一点の異議申立もない。これが米騒動の魁となった、富山県下女騒動に対して、第三者であるべき日本弁護士協会の持った支配的判断、姿勢であった。

以上数えあげた諸点は、以後なにかと想起されていい。さて、本論に入る前に、嬶《かかあ》天下的漁民事情について、一寸逸れる。

「孰《いず》れの漁村と雖も嬶の権力の大なること驚くべし、機業地の女房風《かぜ》の尖鋭なるを説くものあれども之を漁民の嬶に比せば迚《とて》も及ぶべきことにあらず、夫は年中海上に在りて、世間を知らねば一家の生計は固《もと》より親類縁者の交際《つきあひ》も、児童を学校に入る丶ことも皆な嬶の一意に存す、若し役場の小使来りて、税金延滞の事を責むるも、その事ならば嬶に問ふて貰ひたし、と答へて平気なるべし」

これは、さきに見た、米騒動にかかわる最始の論文というべき、この地出身の横山源之助の「世人の注意を逸する社会の一事実」（『国民之友』明治三〇年）中にある一節である。これと、検事正・弁護士会調査氏の対談に、「男が主として出漁に出で、家の内政外交は総て女房がやつてゐる。官庁への届出でも、近隣との交渉も女の手で片附けて、男主人は没交渉である」とある箇所とは、ほとんど内容が同じ。言い方をかえただけにみえる。おそらくは、富山県に赴任してきた、歴代の検事正は、本県にかかわる、唯一つの米騒動研究論文である、横山源之助の「世人の注意を逸する社会の一事実」を必読としていたにちがいない。そして警察部長もまた。このひとたちは、国家的重大犯罪である騒擾罪と背中合せにある、にもかかわらず日常茶飯化した米騒動防止を第一義とし、その対策研究をなによりも優先させていたにちがいないから。

それはさておき、話は本論へもどる。日本弁護士会代表が談話第一声で、おどろくべきことに、「富山の女一揆には／一人の起訴も無い」と、はっきりと明言しているではないか。そう言わしめたのは、いうまでもなく、公訴提起者検事正であることはあきらかである。その上「当局の処置もよかつたが／彼等は一切乱暴を避けた」というおまけまでもつけて。それならば、実際女に一人の起訴者もなかったかどうか。また歴史的にはどうかも、しっかりと確かめてみなければならない。

男の米騒動

大正七（一九一八）年富山県下の米騒動は女たちが主体であったのはいうまでもない。だが、男だけの米騒動がまったくなかったわけではない。一、二ある。八尾に、男一人の起訴者が出ている。まず、それから見ていく。

今、法政大学に帰属している大原社会問題研究所が所蔵している、戦前の研究所員細川嘉六が主任となって蒐めた厖大な米騒動資料のなかに、自由法曹団布施辰治弁護士の手を借りて蒐集された、ほぼ日本全域にわたる詳細な裁判記録がある。その中に布施辰治法律事務所の便箋に写された「富山地方裁判所分」として、予審終結書一通があるので、それを一通り見ておこう。

予審終結決定

富山県婦負郡《ねいぐん》八尾町《やつを》大字西町二千二百七十三番地

平民　古物商兼生糸業　薄尾喜平（当四八年）

右恐喝未遂及警察犯処罰令違反被告事件ニ付予審ヲ遂ケ《ゲ》決定スルコト左ノ如シ

主　文

本件ヲ富山地方才《ママ》判所ノ公判ニ付ス

理　由

第一、被告ハ大正七年八月二十七日夜富山県婦負郡八尾町々民数十名カ同町諏訪神社境内ニ集合シ米価騰貴ニ関シ紛擾ヲ惹起セントスル気勢アルヲ奇貨トシ同町米穀商足谷彦次郎ヲ恐喝シテ同町ニ於ケル貧民救助ニ要スル多額ノ寄附金ヲ出捐セシメンコトヲ企テ同夜前記肩書ノ自宅ニ於テ匿名ニテ「金五十円ヲ八尾町役場ニ寄附スルニアラサレハ米ノ貯蔵シアル土蔵ニ突撃スルカモ知レス」トノ文意ヲ認メタル郵便端書ヲ右彦次郎方ニ発送シ以テ同人ヲ恐喝シタルモ彦次郎ニ於テ直チニ之ニ応セス所轄警察署ヘ申告シタル為メ逆ニ其目的ヲ達スルニ至ラス

第二、被告ハ右同日及其翌二十八日ノ両度ニ亘リ犯意継続シテ濫《ミダ》リニ同町大字東町小幡佐十郎方住家ノ板壁ニ同町役場及現内閣攻撃ノ文意ヲ記才《ママ》シタル檄文ヲ貼布シタルモノナリ

以上ノ事実ハ其証憑十分ニシテ第一ノ所為ハ刑法第二百四十九条、第二百五十条ニ、第二ノ所為ハ警察犯処罰令第三条第十五号、刑法第五十五条ニ該当シ併合罪ナルヲ以テ刑法第四十五条、第五十三条第一

項ヲ適用処断スヘキ犯罪ト認メ刑事訴訟法第百六十七条ニ則リ主文ノ如ク決定ス

大正七年九月七日

富山地方才《ママ》判所予審刑事　橋本　確

全国への波及が大概済んだ米騒動後期段階の八月下旬に起った、八尾町の米騒動は富山県としては珍しい男子のみの集まりであった。そしてそれ故か、富山県では他に例のない「現内閣攻撃」という政治批判の檄文を他人の家の板壁に貼り付けたという、それが男子一名が起訴された理由であろうか。ただ単に拘引の例なら、この年の米騒動の時に、男子・女子共、二、三ある。序でにそれも見ておこう。最終起訴者一名を出した八尾から先にいえば、他に四名の逮捕者が出たという。それで激高した群衆が警察に押寄せたため、釈放されている。この時、八尾警察署の手に負えず、県警本部から羽根警察課長が五名の富山警察署員、巡査教習所学生二一名を引き率れ、自動車で駆けつけた。どういう罪名による逮捕か不明。前出予審終結文によれば「町民数十名」とあるが、新聞では「二〇〇名」（『北陸毎日』）、もしくは「一七〇名」（『富山日報』）とある。他には、富山県米騒動の絶頂期である八月五～九日に、五日は東水橋で、女軍に加勢をした男子一名を、島地という刑事を傷つけたとして「執行防害《ママ》並傷害罪トシテ取調」べたと県警はいう。新聞は男子一名、女子三名（『高岡新報』）と。刑事らの威圧が漁夫の怒りを買い、撲られたらしい。八日は滑川署が、「滑川町民（男）三十名ヲ警察犯処罰令違犯《ママ》（強談威迫等）トシテ一斉ニ滑川警察署ニ召喚シ取調」べたという。

この東水橋、滑川の場合は、いずれもその引致のすぐ後、両町の本署である滑川署へ女たちの大群が押し寄せたため、やはり釈放されている。他に魚津等に引致の例があるが略す。このように、大正七（一九一八）年の米騒動では、富山県下で男子の場合のみに一名の起訴者があったが、騒動本隊である女子の場合は、日本弁護士会調査委員がいうとおり、一人の起訴者もなかった。このことを確認の上、つぎにすすむ。

それなら、大正七（一九一八）年より前の、明治期に男子が参加した米騒動の場合、どうであったか見ておこう。

前掲「富山県下ニ於ケル米ニ関スル紛擾沿革一覧表」（（二）-一）を開くと、廃藩置県後、百姓一揆ではない、騒擾、放火、破壊、乱暴、強談威迫、輸出（移出）米阻止行動等の諸面を持つ米騒動は何件もみうける。中でも明治二三（一八九〇）年一三府県にひろがった、第一次広域的米騒動の年、米移出を阻止しようとした高岡市の騒動は、「細民男子七、八百名ノ一団」が、移出港である「伏木町へ押寄セ強談威迫乱暴狼藉言語ニ絶セリ」と県警察をして言わしめ、ついに署長は警官隊に「抜剣ノ令ヲ下シ重軽傷者ヲ出シ」、帰岡後は「暴動人員男子約四千名」、「火ヲ放チ」、「其ノ暴状筆紙ニ尽ス能ハス」、このときも、「署長ハ抜剣ノ令ヲ下シ百余名ヲ引致シテ止ム（処刑者六名）」と。また翌二四（一八九一）年米価昂騰、氷見町において、「細民ノ男子三百名斗《ばか》リニ女子三四十名」、「鐘太鼓ヲ乱打シ」「投石シ乱暴極ニ達セリ」とあり、「所轄署ニ於テハ首魁者ヲ処刑」という。続いて翌二五（一八九二）年にも、生地町では「男女混合約千五百人ノ集団」が「米商人宅ヲ襲ヒ戸障子ヲ破壊」といい、「警察署等ノ処分不詳」が一件ある。他に助勢者として細民男子が参加した米騒動では犠牲者はない。即ち全員男子である高岡市、男子が主である氷見町では、厳然として犠牲者が出ていたのである。

このように、過去、現在、いずれの米騒動においても、男子の処罰は厳然とありながら、女子には、過去、現在ともに、一件も処罰がない。先頭に立って、勇敢に米騒動を女たちが遂行していながら。とすると、検事正・弁護士会調査委員の談話は、ただ単に今次大正七（一九一八）年の米騒動のみについて言っていたのではなく、その実は今次をも含む、明治以来の県下全米騒動について述べていたことと同じになる。その意味するところはきわめて大きい。

すると、ここで思い起されるのは、談話中に「乱暴はせぬ、不穏の行動らしいのを挙げると、今しも米を他国へ送る可く船積みをする仲仕連を抑留する位いであつた。然しそれとて法に触れるべき行動に出[1]でなかつた」と、絶妙に綾のある、暗示に富んだ文辞の箇所である。「法に触れるべき行動」が事実あったものは帳簿から、消し去ったということである。公表年表から。

今次大正七（一九一八）年に二件、過去では明治二二（一八八九）年一件、明治四五（一九一二）年二件、計五件。それらはみんなまちがいなく「法に触れる」米騒動であった。騒擾罪必至、もしくは暴力行使、器物損壊、公務執行妨害等につながる。ところが、国家的大法に触れる五件の女米騒動を事実上なかったことにし、つまり明白に一線を超えている騒動をきれいに隠し、残る女米騒動のすべてを合法圏内に修正して納めておかねばならなかった。「富山の女一揆には／一人の起訴も無い／当局の処置もよかつたが／彼等は一切乱暴を避けた」と言えるように。つまり、ここらが、女米騒動の鍵なのであろう。米騒動の核心は、そこに「乱暴」＝暴力があったか否かであったようだ。かくのごとく、米騒動常習地富山県下の米騒動をせんじつめてみると、結局大正七年とそれまでの米騒動には、治安当局側の対応にあらかじめきまった定式があったことがあきらかである。つまり、男子の米騒動は当然法通り厳罰とするが、女米騒動の場合は、法＝国家に逆らわない米騒動に変身＝整形させることによって、罰しないですむようにする、という。

それならば、女米騒動がどんな風に整形させられているか、それを見ておこう。

大正七年の米騒動に限定していえば、「大正七年米ニ関スル哀願運動状況一覧表 自七月二十三日 至八月十九日」（二一-二三）は、この年における、県下のすべての米騒動に立ち合った生証人である、富山県警察部の克明な記録であるが、これを見てみると、やはり、騒動叙述に、ある定型があることが発見される。すなわち、女たちを起訴しないですむように、騒動が上手に整形されている。そして、それを各地それぞれの騒動の一件一件に具体的に合わせて臨場化し、もっともらしく詳述される。くわえて、その整形された大小さまざまな騒動は、結末において、どれも例外なく平穏裡に終わらねばならぬ。仮に千人、二千人の大騒動でも。

最後は「警察官」らの「懇諭」によって、おとなしく解散するという、おきまりのコースをたどって円満解決されるのである。すなわち、国家と女たちとの関係は、接点があるとすれば、慈悲を垂れるものとそれを享けるものの関係以外にないから。わずかに「哀願運動」ならばやむなく赦されるということであろうか。

（二）当局側

中央官僚ら

いうまでもないが、戦前は、日本の国家そのものが中央集権であったから、県知事以下、内務部長、警察部長、郡長、あるいは検事、判事等、およそ上級職は中央官省である内務、司法省から任命されてくる中央官僚であった。

したがって、富山県のような、石川県から、明治一六（一八八三）年に分県した、加賀百万石時代の属領的名残をまだひきずっている、後進の最小最低県であっても、国家選りすぐりの頭脳が頂点を固めていた。たとえば、米騒動当時の富山県射水郡長は東京帝国大学卒業後間もないほやほやの内務官僚であり、戦後最初の東京大学総長となった南原繁であったように（当時全面講和論を唱えて、宰相吉田茂から曲学阿世の徒と罵られた）。

すなわち、県知事、内務部長、警察部長、郡長、検事正等は、国家意志を代表して、上部治安当局者として、米騒動の対処においても一体であったことは言うまでもない。

富山県下の女米騒動がついに他府県に飛火し、焼討ち、打毀し等大々的な米騒動に転化したばかりの、大正七（一九一八）年八月一二日、早くも火元である富山県警察部長が、全国の「各庁府県警察部長殿」宛に送付したのが、警察資料（一）「所謂「女一揆」ノ真想《ママ》ニ関スル件」と表題された、はなはだ興味深い警察部内文書である（外部へ流出した、この原本を私が近頃目にすることができたいきさつについては、後章で他の警察資料を一括して述べる際に譲る）。

さて、この非公開警察部内文書であるが、それは、やはり火元の治安責任者から発せられた、釈明文であるらしい。だが、そこには、治安責任者が全国の治安責任者のお歴々へ述べるが故に、まとまりのいい、成程こうであったかと気付かされるような、富山県警察部考案の女米騒動観――同時にそれは公的な見解である等が披瀝展開されてあるため、看過できない。それは冒頭を、こう書き起すことから始まっている。

「本県沿海ノ漁民ハ北海道樺太沿海州地方又ハ朝鮮方面へ出稼キ致シ居リ其ノ留守ニ於テ婦女子ガ《ママ》常ニ一切ノ家事ヲ処理シ居ル実況ニテ納税其ノ他町村役場等ノ交渉モ多ク婦女子ガ直接スルヲ常態ト致居リ候故ニ生活難ニ付救助哀願ヲ試ムルニモ平常ノ慣行通婦女子ガ町村役場有志等ヲ訪問シタルハ決シテ今回ニ始マリタルニ非ラス」と。

以下、所々字句を拾ってみる。

「女軍ノ暴動トカ女一揆トカ脅迫トカ衝突トカ女ナルカ故ニ又多衆ノ運動ナルカ故ニ特ニ一層舞文曲筆シ甚タシキニ至ツテハ事実無根ノ報導」、「新聞紙カ誇張不実ノ報導ヲ為シ婦女子ノ哀願運動ヲ煽動シ且人心ヲ亢奮セシメタル」、「根ガ女子ナル故暴行トカ脅迫トカノ行為毫モナカリシハ勿論面談者又ハ警察官吏ノ説諭アレバ案外何レモ従順ニ退去スルヲ例ト致シ何レモ騒擾ノ程度ニ達セス」、「単純ナル群衆ニ不過《すぎず》シテ首魁、指揮者之ガ助勢者トシテ認ムベキ者無之《これなく》又為ニ一人ノ負傷者モ無之候（唯六日夜金川宅前ニ約千人ノ群衆アリシトキ金川宅ノ障子ノ硝子一枚破損シタル事実アルノミ）又官憲ニ対スル殺気トカ反抗心トカ云フモノモ無之実況ニ了リ申候」等々。

以上のような字句を繋ぐことによって、騒動の歴史や背後的社会状況をも踏まえ、いわば富山県の女一揆と騒がれている米騒動なるものが、実は新聞の「舞文曲筆」のために、いかに誇大に誤って伝えられているかを、警察の立場から縷々《るる》述べたものである。

こういう決定的な論旨を、まだ八月一二日という早期、米騒動が県内の第一防衛戦を破って、ついに和歌山、名古屋、京都、大阪、広島等の大都市圏に飛火したばかりか、それが暴動化し、もはや治まる気配もない事態に到るや、早くもこういいきっていたことは、やはり尋常ではない。火を付けておきながら、治まりがつかなくなって、わたしは知らない、火を付けたのは彼奴だ、新聞社だと。

だが、それは語るに落ちているものがないだろうか。なぜ、かくも陳弁につとめなければならなかったか。県境という責任防衛線を簡単に突破された弁明にしても。やはり、これは隠せば隠すほど、顕われる類のようだ。第一犯行現場である、富山県警察部の長より各庁府県警察部の長へ。本来なら、そういう類の重要案件の連絡文書なら、このような事例であったから、それを教訓にしてくれという筋のものであろう。すなわち、騒動鎮圧に寄与する情報を提供する。ところが、これは守勢一方の、自己弁護に徹している。まるで、退却将校の詭弁のようである。戦う警察の積極的熱気が少しも感じられない。それなら、なぜ、このような文書を送達する必要があったか。おそらくは、こういうことだろうか。

すなわち、富山県内で鎮圧されるべき米騒動が、連日、「越中女一揆」として喧伝された挙句、ついに県境を超え、他府県に飛んで、暴動につぐ暴動となった。こうなると、他県における米騒動はすべて騒擾罪が適用されることは必至である。それなのに、最初に火をつけた、第一放火犯である、富山県の犯行者たちが、騒擾罪どころか、どんな小さな処罰も受けないとなれば、早晩国中から怪訝、非難の目が向けられることは避けがたい。そうなってからでは遅すぎる。釈明をするなら、今が好機である。すなわち、富山県の女たちの米騒ぎと、他府県の男たちの無頼化し、暴徒化した、米騒動の相違が雪と炭、天と地ほどに明白となった今こそ。こういう状況判断が県警察部長をして、それならと、その先手を打つように、異例の無罪証明の申立に駆り立たしめたのではなかろうか。

そして、この申立書のなによりも注目すべきは、警察当局の責任者みずからが、

新聞記事如何ニ事実ヲ伝フルモ其ノ真想ハ決シテ暴動ニテモ一揆ニテモ無之（略）単純ナル群衆ニ不過シテ首魁、指揮者之ガ助勢者トシテ認ムベキ者無之又為ニ一人ノ負傷者モ無之候（略）又官憲ニ対スル

殺気トカ反抗心トカ云フモノモ無之

といって、騒擾罪を成立させる三条件のみか、公務執行妨害や他の小さな刑法への抵触すらも明確に否定し去っていることである。すなわち、この取締責任者警察部長による捨身の弁明によって、富山県女米騒動無害論が、まず同系列の全国取締責任者らによって承認された。ついで、それは日本弁護士協会に受入れられ、かくしてひろく天下に公民権を得ることになったのではないか。

さて、簡単ながら、以上によって、八月一二日という、米騒動激化、怱忙の時、富山県警察部長が全国庁府県警察部長に宛てた内部文書「所謂「女一揆」ノ真想ニ関スル件」及びその中に披瀝されてある女米騒動観に対する観察を終えるが、さいごに以下の一節を添える。

――この文書の中には、傷害罪容疑等で引致された男女数人を気遣って、東水橋町民が滑川本署に多数おしかけたとき、署がやむなく全員を釈放した顛末を微細にわたり述べている箇所などがあり、そこらも熟覧するにたる箇所である。

軍隊出動なし

さて、話はとぶが、序でに警察資料〔二〕の付属一覧表八点の題名をずらりと読みすすんでみると、誰もがその読みづらさとその婉曲さに必ず頭をかしげるだろう。警察側の神経の細やかさが資料名の一つひとつににじみ出、行きとどいていることにただ敬服させられるはず。

「富山県下ニ於ケル米ニ関スル紛擾沿革一覧表」といい、あるいは「明治四十五年米問題ニ関スル四新聞記事概要及批判一覧表」また「大正七年米ニ関スル哀願運動状況一覧表」と。これを「米騒動」のことだと誰が直線的に読みきれるだろうか。なぜ、すなおに「米騒動史」といわずに、「米ニ関スル紛擾沿革一覧表」と、化学分析表でもよませるようにしたのであろう。「米騒動」という語を殊更に却けているように思われる。なぜであろう。

たとえば、警察が米騒動についていう場合、「所謂「米騒動」」と必ず括弧で囲み、禁忌に近づかないように、けっして自己語としては用いない。警察が「一揆」「騒動」という言葉を忌み嫌ったのは、その「一揆」「騒動」「騒擾」のためにこそ、「騒擾罪」があり、米騒動は待ったなしで騒擾罪でなければならなかったからである。ところが、富山県治安当局は騒擾罪どころか、県内に発生する女米騒動はどれも罰しないで済ませる方針を堅持してきた。絶対に。警察が新聞界を徹底して糾弾したのは、新聞が「女一揆」「米騒動」という語をやたらと振り廻したからだ。かかる結果、変妙なことに、罰する側の警察が、逆に女米騒動を弁護する逆転現象が起っていることだろう。その上、騒擾罪を適用せずという方針は、米騒動時に富山県で軍隊の出動がなかった事情にも重なっているようだ。

それに関して、興味深い記事を一つ見た。

すなわち、長谷川博・増島宏「「米騒動」の第一段階——富山県下現地調査を中心として」（法政大学社会学部学会編『社会労働研究』第二号、一九五四年一一月）中に、こうある。

八月九日の『高岡新報』の社説「寛大の処置」の冒頭には「県外某紙に現はれたる「越中女一揆」」と題せる富山通信の末節に「富山憲兵分隊にては、今回の騒擾を以て容易ならずとし、騒擾罪として県警察部に其の取調打合せ方を申込み来れるが、警察部にては相当救済の方法を講じ、取調等の如き事を為さゞる方針なり」とある（『高岡新報』の原紙に基づき、誤植を訂正）。

『高岡新報』上に、この記事があることを確認できるが、「県外某紙」なるものが不明のため、記事内容の真偽は断定できない。ちなみに、富山聯隊の属する師団所在地である、石川県金沢市発行『北国新聞』八月七日を見ると、「越中女一揆」とある記事が見当たるが、そこに富山憲兵分隊云々の条はない。したがって、『高岡新報』の社説「寛大の処置」中にいう、騒擾罪取調打合せとある――富山憲兵分隊と県警察部との会談が事実あったとすれば、県警察部が憲兵隊の出兵圧力を毅然として排除したこととなる。加うるに、そのいきさつは、富山県の女米騒動には騒擾罪は適用しないという、帝国軍隊の検察機関にさえも鎖された、至上命令がやはり県警察部内にあったことを傍証する。

さて、ここまではもっぱら警察部長ひとりの言動のみを柱にして述べてきた。ここでもう一つ、副知事的地位にあった内務部長と、富山県でももっとも米騒動が激発した、泊、生地、魚津を抱えた下新川郡長の弁を聴いておきたい。ここに、恰好な一組の往復文書がある。

「高秘第三四五五号」という、大正七年九月二八日、富山県警察部長・内務部長連名で各郡市長宛に発せられた、「米騒ニ関シ調査方之件」と題した調査命令書と、それに対する下新川郡長の回答書である。この両部長連名命令書の、異様で、かつ目を引いてやまぬところは、以下のような照会箇条が、米騒動という語を徹底して封じ込めたように、「米騒《こめさわぎ》」一語にすべて統一していることだ。これは、県警察部長共々、県知事、内務部長ら県の上部機関が一体となって、管下の官衙機関すべてに斯く称するよう徹底させていたことを物語っている。さて、その調査箇条は、すなわち、

一　管下ニ於ケル米騒ニ関スル概括的観察
一　米価暴騰ヲ馴致セル直接関接《ママ》ノ原因ト認ムヘキ具体的事実
一　一般物価殊ニ米価ノ騰貴ノ中産階級以下殊ニ労働者ノ生活ニ及シタル影響
一　米騒ノ遠因及近因ト認ムヘキモノ
一　今回米騒ニ因リ観察シタル民心ノ帰嚮《ききょう》及米騒カ民心ニ及シタル影響
一　米騒後民心緩和ノ為メニ採リタル措置
一　其ノ他参考トナルヘキ事項

そして、下新川郡長ノ答申書は、その「米騒」という語を踏襲していることは当然であるが、第一項「管下に於ケル米騒ニ関スル概括的観察」の結語に、かくいう。

「漁民部落ノ婦女連ガ哀願的行動ヲ為シタルモノニシテ彼ノ地方新聞紙ガ所載セシ如キ女一揆ナド称スベキ騒擾事ヲ以テ目スベキモノニアラズ」「叙上ノ如ク本郡ニ起リタル米騒ハ幸ニ今日迄ノトコロ敢テ重大事ニ至ラザルハ警察官ノ警戒アリタルコト町村ノ救済施設トニ依ルモノト認ムルヲ得ベシ」

といい、最後をこう結んでいる。

「之ヲ要スルニ本郡ニ於ケル米騒ハ其後全国各地ノ大都市ニ勃発セル暴徒ノ如ク或ハ成金富豪ヲ嫉視シテ之ヲ襲撃若クハ焼打シ又ハ官公署ニ殺到セルガ如キ大騒擾トハ大ニ其ノ趣ヲ異ニセルモノニシテ唯中産階級以下ノ窮民ガ自己ノ生活ノ安定ヲ得ンガタメニ愁訴嘆願セル程度ニ止マルモノト認メザルベカラズ」と。

すなわち、下新川郡長の答申は、富山県警察部（長）が代表して述べた、富山県下女米騒動についての、決められた筋道、約束事を、そっくり地方郡長の立場からなぞったものであった。このように、役職名を列ねた、一つの調査命令と回答間にある、少しの齟齬もない、呼吸の合った持ち合いを見れば、県の上級官僚集団である、県知事、内務部長、警察部長、各郡長らがいかに一体であったか、手にとるようだろう。秘密の保持においても。

司法省公認

それでは、ここらで、さらに国家的である、名古屋区裁判所検事、思想研究員吉河光貞『所謂米騒動事件の研究』を藉りて、今までの問題を一先ず括っておこう。それは戦前に、極秘で司法・警察部内に配布された、司法省刑事局編「思想研究資料」第51号である。いわば司法省のお墨付き資料として。全国各地から取り集められた、厖大な米騒動資料の検討と分析から成る、米騒動の研究においてすら、官の優越をみとめざるをえないような、米騒動集成である。加えて、国家的な監察的観点や論脈があって、類のない特異さである。その第二章「所謂米騒動の全般的状況」は、その冒頭を「大正七年全国を席巻したる彼の「米騒動」は、同年七月二十二日夜、富山県下新川郡魚津町に於ける漁民妻女数名の所謂井戸端会議に端を発したるもの、如く、翌二十三日同町漁民婦女子四十数名海岸に蝟集して」と筆を起していた。それは富山県警察部作成「大正七年米ニ関スル哀願運動状況一覧表 自七月二十三日 至八月十九日」(資料(二)-三)の冒頭部分の記述をそっくり採用したものであるように、富山県下米騒動の最終査閲評価は、あちこちに、「同県下に於ける之等婦女子連の運動は団体的哀願の域を出でず」とか、「全国新聞紙が偶々、富山県下に於ける前記哀願運動を所謂越中女一揆として喧伝報道するや、忽ち全国各地の人心を刺戟して」とか、あるいは「虚構有害なる新聞記事は、世人の多くをして「越中女一揆」なる無稽の事実を誤信せしめ」とあるように、富山県警察部からの提出文書の言い分を全面引用、肯定したものとなっていた。そして、最後は以下のような耳傾けて聴くべき語で括られていたのである。

「即ち富山県に於ける女群の哀願運動は其の由来するところ遠く、次節に於て説くところの旧幕末期時代に於ける所謂打毀し騒動とも其の性質内容を異にし、独特なる伝統的風習に基きたるものにして、稀に細民男子多数参加したる場合を除きては、概して一揆又は騒動の程度に及ばざるの傾向を有するものなり」と。

ともあれ、何十年来、富山県は女米騒動の犠牲者を一人も出さずにきた。それには、富山県の女米騒動は罰せずという、確固とした方針が、やはり先行してあったと思うしかない。その方針は最小限の高級官僚によってつくられ、そして守られ、実行されてきたと。それなら、それは何時つくられ、何故つくられねばならなかったのであろう。そもそも、あってはならぬ、超法規的な独断が中央から派遣されてきている最小限の高級官僚たちによってつくられるからには、それは当然最高度の国家的要請に応じるものでなければならない。

それは何か。やはり女の騒動など、あってはならぬ、この一語に尽きないだろうか。すなわち女騒動は、学校で教える教科書的婦道に背くばかりでなく、日本帝国の国制そのものに根本的に悖《もと》るから。法律的権利も、社会的待遇も奪われ、長い日本の歴史の間、一人前としてあつかわれてこなかった、国家の最底辺にあるべき者が、突如党をなして、陽の当たる場所に踊り出てくることなど、まったく想定になかったことだったのである。それが、富山県では、あっちでも、こっちでも起きている。人同様の権利を主張するかのようだ。それは国家体制と法理論に根本からそむくものであった。したがって、このとき国家体制を守るべく、選ばれてきた最高官僚たちが、女たちを鎮めるために、全知全能を傾けることになったのは当然であろう。

それなら、そういう危機に、治安当局が最初に逢着したのは何時か。当然ながら、それは近代的法体系がわが国に要求されてからにちがいない。すなわち、黒船の来航以来、わが国は不平等条約や治外法権の押付の屈辱を嘗めてきた。西欧的法体系がわが国になかったから。それが必須なものとして準備される段階――明治一三（一八八〇）年刑法（暫定）をへ、明治二〇年代に入ると、同二二（一八八九）年帝国憲法発布。同二三（一八九〇）年帝国議会開会。同二九（一八九六）年民法公布があって、ついに同四〇（一九〇七）年騒擾罪等を含む、（改正）刑法が公布される。ここに到って、わが国にようやく近代法の基礎がほぼかたまるのである。それなら、富山県下の女米騒動は罰せずという、ありえない、超法規的独断がつくられるのは、その間の何時か。以下、そのことを追ってみる。

超法規的独断

官製ながら、最高の米騒動年表に違いない、富山県警察部作成「富山県下ニ於ケル米ニ関スル紛擾沿革一覧表」（資料〔二〕-一）を頼りにして繰っていく。それはほぼ以下となる。

廃藩置県後、米価騰貴、輸出米阻止等を理由に起きている、女米騒動は明治八（一八七五）年に魚津であった、数百人の女たちの米騒動を皮切りに、大小何十件ある。初期の中目立つのは、わが国三大米騒動の第一回である、明治二三年近代最初の経済恐慌の中で、一三府県で米騒動が相次ぎ起きた時の、県内の七件。それと、県警年表に隠蔽されている、その前年の明治二二年一〇月中旬にあった、魚津港で二千人余の大群衆が惹起した米騒動。次いで、同二五年、生地町で、小さい町なのに、男女千五百人もが走りまわったという米騒動。

ところで、いま挙げた、明治二二（一八八九）年の魚津の二千人米騒動というのは、女たちが群をなして、荷運びする仲仕たちの列に襲いかかり、肉弾戦をくらわして、米の輸出を阻止し、蒸気船をほとんど空船で逐い帰してしまった――破天荒な、大変な事件であった。

それ故にというべきか。それは、富山県警察部が全責任をもって作成し、公表した「富山県下ニ於ケル米ニ関スル紛擾沿革一覧表」に記載されなかった。つまり、言い換えれば、官側米騒動年表上――米騒動史上、その女米騒動はなかったことにされたのである。はたして、富山県の女米騒動は罰しないという特例はこの時につくられたのであろうか。いや速断はやめて、もうしばらく魚津と明治二二（一八八九）年の米騒動について、見ておきたい。

さて、魚津というところについて、少し注を付すならば、加賀、能登、越中三国に跨る、金沢前田百万石時代は、魚津は城代、郡代、郡町奉行の所在地として越中の過半に屹立することが多く。また明治四（一八七一）年廃藩置県後は、一時金沢県から分かれた新川県の県庁所在地であった。それゆえ県西の商都高岡、県中の富山藩十万石を除けば、東部の新川地方では、政治・経済・文化的影響力が大であったことは否めない。なにかにつけ、周辺地に主座的役割を果してきた。また、港町、漁師町としても、やはり、一番に大きかったから、おのずと先導的立場になっていたようである。県警察部作成米騒動年表をひろげると、富山県下でも、もっとも女米騒動が頻発したのは、泊、生地、魚津、東・西水橋、岩瀬であり（一九一八年米騒動で有名な滑川も一九一二年等に参加）、それらは左右に魚津を囲むように列なる、富山湾沿いの新川三郡（上・中・下）の津々浦々である。明治二二年秋、そのとき魚津で二千人米騒動が起きた。

それは大事件だったのではないか。まだ鉄道もない時代にあって。二千人などという大群衆があつまった例は、長い富山県の米騒動の歴史にも滅多にない。その第一例を、明治二二（一八八九）年の魚津における二千人の米騒動とすれば、第二例は、その翌年すなわち明治二三（一八九〇）年、一三府県にひろがったという第一回米騒動のさなか、高岡で、伏木、新湊、高岡の男たち四千人（警察発表）が暴徒化した富山県米騒動史上最大の事件。もう一例は、それから三〇年後、大正七（一九一八）年の第三回米騒動の時、盛夏八月六日、東・西水橋両町民と滑川町民とが、滑川で合流し、二千人もの大群衆にふくれあがる（夕涼みがてらの野次馬も多数参加）、この騒ぎは二三夜続き、越中女一揆として、新聞により全国に報じられた。この三例は、それぞれの特徴からも、富山県三大米騒動と呼んでいい。

ところで、問題の第一例目、明治二二（一八八九）年の魚津である。この年は年初から、日本国中が憲法発布記念祝賀行事のため、何処《どこ》も彼処《かしこ》も沸き立ち、日の丸の国旗や酒が売り切れ、みな酔い痴れていたという。さて、そのさ中の同年一〇月一二〜一四日、魚津では、大町の浜に、二千人などという大群衆がおしかけたという。浜は人で溢れ返ったであろう。祝賀行事のためではない。町は戸数三五〇〇。戸数半分以上に相当する人出である。聞けば、たかが、頭に血がのぼった、一部の女たちが先頭に立った米騒動であるらしい。それが、なぜ、これほど大掛かりな人出になったのであろう。おそらくは、それは、ついに来るべきものが来た。新時代の、今までの和船とは格段に違う蒸気船との戦争。あの大きな蒸気船とどうやって戦うのか。それを見届けるために。

ところで、魚津港に、はじめて三菱汽船の秋津洲丸《あきつしま》が入港したのは、明治一三（一八八〇）年である（『魚津市史』）共同出資による西洋式帆船小戸浦丸《をとがうら》（二五〇〇石）が、魚津で就航したのが同一九年。そして米騒動は、和船時代の明治八年、米価騰貴、輸出米阻止のため、数百人の女たちが浜辺の米倉庫に殺到して以後、起きていない（県警年表）〔注〕。とすると、魚津の明治二一年の二千人米騒動は、明治八年の米騒動以来、十余年ぶりの米騒動であったことになる。しかも新時代とのたたかい。すなわち、今度は、河口に寄せる、ちっぽけな和船が相手ではなく、海の沖合に小山のようにそびえ立つ、大伽藍のような黒船が相手なのである。戦いの仕方もより熾烈になったのは当然のことであったろう。そして波打際に寄せた艀へ、倉庫から米俵を肩に担って運ぶ究竟な男仲仕たち四〇人、五〇人の列を目掛けて、女たちがおそいかかる。肩に手をかけ、腰にしがみつき、脚を搦めたりして、壮絶な肉弾戦を展開する仕儀となった。これは一大見物《みもの》であったろう。

横山源之助が後に書く報告によれば、その頃町は何日も前から騒然としていたというから。かくして歴史的大活劇を見るために、野次馬も加わり、二千人の者たちが浜へわんさ押しかけたのである。そして、ついに、その目の前で、あろうことか、蒸気船を逐い帰して、凱歌をあげたのである。この明治二一（一八八七）年一〇月一二～一四日、魚津で起った二千人米騒動は未曾有の大騒動となり、挙句軍艦にも紛う蒸気船＝黒船を相手にしても勝つことができる、まさに歴史の転換を告げる米騒動の出現となった。

果せる哉《かな》、この時、県都富山市から、県の治安責任者鈴木警部長が急遽押取刀で魚津に駆けつけたのであるが、そのときや遅し、わが国の過去にはかつてなかった、型破りの大事出来《しゅったい》の跡に、我を忘れたか、何もなす術なく、すぐに帰富した。その後は只沈黙を守り続け、その挙句、前にも一言触れたように、これ程の事件から、一人の告発者も出していない。ましてや、他の小さな女米騒動をどうして罰することができるであろう。

〔注〕 魚津の米騒動は、実際は明治一三、一七年にも起きている（『魚津市立博物館紀要』第九号、二〇一三年、麻柄一志等「19世紀末の魚津町における貧民救助の制度について」）。

隠された騒動

さて、ここですこし視点を変えて、明治二二（一八八九）年一〇月中旬にあった、この魚津二千人米騒動と、翌二三年の第一回米騒動との関連を少々見ておきたい。

周知のように、明治二三年一三府県にひろがった、第一回米騒動は、前年の二二（一八八九）年の不作、米価騰貴を原因としている。ちょうどその収穫期の不作を目の辺りにして、すぐに米の不作、米価騰貴を理由として起きた、魚津の二千人米騒動は、その第一号であることはあきらかである。それはすぐさまビッグ・ニュースとして全国へ伝えられ、魚津で決行された、投機米の積出阻止、女たちの米騒動、蒸気船さえも撃退する、衝撃的前代未聞の騒動は、翌二三年を跨ぐと、たちまちその影響が県内外にひろがっていく。たとえば、地元富山県では、富山県米騒動史上最大となる、高岡、伏木、新湊の男ら四千人がひきおこした暴動は、はじめは魚津町の騒動の通りに、県内最大の移出港である、伏木港へおしかけ、米移出阻止、投機商糾弾が蜂起の旗幟であった。また、波が波をよぶように、磯伝いに、隣県の新潟県能生《のう》、小泊、出雲崎、柏崎、直江津、新潟、佐渡の湊町、夷《えびす》町、相川町等、日本海沿いの津や浦で、男女混成米騒動、土地米の津積出阻止や差止がつぎつぎに実行されている。明和年間に、日本初の都市コンミューンを実現させた新潟港、土地米の津留騒動の伝統をもつその地が、魚津の浜の女たちの騒動に、打てば響くように逸速く呼応している。能登、越中、越後は一衣帯水、港々を行き来しあっているのである。また、旧士族が先頭に立った鳥取でも、米商買占糾弾、津積出反対騒動が起き、福島県の会津では、会津米の移出止が行われている。さらに遠く四国の愛媛県今治の浜では、なんと女たちだけの米騒動が起きている。

このように、おなじ型の闘争方法を共有する、ひきうつされたような米騒動が、末広がりに、全国のあちこちに出現した。それは、ご一新後の明治一〇年代に、政府と渡りあう自由民権運動の論争紙として各地に生まれた新聞紙が、憲法発布、国会開設という気運ともかかわり、ひろく情報紙として民間に定着しはじめていたことにもよるだろう。明治二二（一八八九）年魚津二千人米騒動は、改進党、自由党系の県内紙『富山日報』『北陸公論』が、騒動が出来《しゅったい》するやすぐに競って報じ、ついで全国に購読者をもつ福沢諭吉の『時事新報』がそれを全国へ中継した。海陸から補いあった、口コミと新聞紙による情報伝達の結果、ついに全国一三府県で、衝撃的な魚津の浜の女たちの米騒動が熱っぽく再演されたのである。その波紋の大きさはやはり注目されていい。こうして、女たちが起ちあがる米騒動が支持され、あたらしい大衆運動がここに根付きはじめた、歴史的意義は大きい。

さて、文末ながら、明治二三（一八九〇）年の新潟県能生町の米騒動〔注〕では、凶徒聚集罪によって、男九名と共に、女数名が禁錮刑一年以上の刑を受けていることを記す。とすると、女は罰せずは、やはり女米騒動の主震地である、富山県下のみに限られた独断にちがいない。なお、大正七（一九一八）年の米騒動の時は、全国のあちこちに、少数ながら、微罪で告発された女たちがあったことを付記する。

とすると、富山県の女米騒動は罰しないとする独断が少数の中央派遣官僚らによってつくられ、慣例化したのは、明治二二（一八八九）年一〇月中旬、魚津町で女米騒動が二千人規模の大群衆を動員して、想像だにもしなかった黒船＝蒸気船を逐い払い、天下をあっと驚かせたその時――同時に女米騒動の根絶は不可能と、かれら官僚選良が観念したその時か、あるいは翌明治二三年、その魚津の米騒動がさらに全国一三府県に波及し、もはや女米騒動が歴史的に不滅となってしまった年か、いずれかの年にちがいない。また、両年は離しがたい。その意味で、それは両年にまたがってつくられたとみることもできる。なお今後の研究を俟ちたい。

〔注〕　高橋起美子「米騒動（新平のたたっこわし）――明治二十三年・能生町の場合」（『頸城文化』第三二号、一九七三年九月）。

阿部恒久「明治二十三年米騒動の展開過程――新潟県を中心に」（新潟史学会『新潟史学』第七号、一九七四年）。

（三）富山県下四新聞

新聞統制へ

大正七（一九一八）年、富山県で発生した女米騒動がついに名古屋、京都、大阪等の大都市圏に飛火し、さらにひろがる勢いを見せた、その八月一二日、富山県警察部長が各庁府県警察部長宛に、「所謂「女一揆」ノ真想《ママ》ニ関スル件」なる文書を送付したことは、すでに述べた。続いて八月下旬、第二弾として、富山県警察部長斎藤行三は、みずからの役職氏名を記した、「所謂「越中女一揆」ト新聞記事トノ関係ニ就テ」（資料二）なる論文を書き上げ、県内の新聞社その他へ各論的付属資料一式とともに送付した。その時、その第二弾の論文は、はじめにこう述べていたのである。「婦女ノ哀願運動起ルニ至ルヤ忽チニシテ之ヲ「女一揆」トシテ世間ニ流布シタルモノハ新聞記事ニアラズシテ何ゾ乃チ新聞記事ガ其ノ読者ノ心理ヲ煽動挑発スル関係ヲ研究スルハ無用ノ業ニアラサルベシ」と。この論文を書くにいたった理由をそう述べた後、さらに文末にこう言を重ねている。「所謂「越中女一揆」ト新聞記事トノ関係及群衆心理ニ及ホス新聞記事ノ影響ニ就テ為政者並操觚《さうこ》者ハ勿論広ク識者ノ研究ノ資料ニ供センガ為特ニ左記一覧表ヲ調査シ添付シタリ」と。

つまり今回の論文の目的はもっぱら新聞記事の研究、告発であることをまたもや明言していたのである。

犯人を捜査摘発することが仕事である警察が、騒動の火付け張本人である女たちを一人も検挙しなかった。その代りに、言論界を告発しようということらしい。そして、公表された参考資料とは、本論の他に、以下の八点である。

一、富山県下ニ於ケル米ニ関スル紛擾沿革一覧表
二、明治四十五年米問題ニ関スル四新聞記事概要及批判一覧表
三、大正七年米ニ関スル哀願運動状況一覧表 自七月二十三日至八月十九日
四、第四《ママ》、大正七年富山県下ノ所謂「米騒動」ニ関スル富山石川大阪ノ諸新聞記事一覧表
五、所謂「米騒動」ニ関スル新聞中特ニ注意ヲ要スル記事一覧表
六、関係諸新聞差押一覧表
七、滑川町ニ於ケル激越不穏言動者（十一名）陳述要旨
八、第八《ママ》 高岡新聞〔報〕社主筆井上忠雄ノ本件ニ関スル思想

このうち、〔二〕-一の「富山県下ニ於ケル米ニ関スル紛擾沿革一覧表」と、〔二〕-三の「大正七年米ニ関スル哀願運動状況一覧表 自七月二十三日至八月十九日」は、なかば検証済だが、残る資料のすべてを見ると、それが、揃いも揃って新聞告発関係文書であろうとは——その点数の過剰ぶりは異常なほどではないか。それにしても、なぜ、この時期に、明細な米騒動記録に加え、このような執拗な新聞攻撃が抱き合せで、研究に名を託して公

開されねばならなかったのであろう。

しかも、注目されるのは、この警察部長論文が官側米騒動研究の集大成である、吉河光貞検事の『所謂米騒動事件の研究』中に、全面的に受け入れられることである。吉河検事の論文中には、付属資料の「富山県下ニ於ケル米ニ関スル紛擾沿革一覧表」（〔二〕-一）や、糾弾状である「所謂「米騒動」ニ関スル新聞中特ニ注意ヲ要スル記事一覧表」（〔二〕-五）が全文転載されてあるだろう。このように、富山県警察部と司法省刑事局との間には、少しの隔てもない。ということは、新聞界を血祭にあげようとして、初めに立ち上がった富山県警察部の熱い意志と決断はすべて国家によって嘉納され、保障されたということになる。狙いは、当然全面的言論統制であろう。かくして、治安維持法（七年後）へ直結していく状況が一つひらかれている。このように、米騒動発生の地で、防衛線を破られた敗戦責任が早速新聞界狩という公開攻撃戦にきりかえられた意味はけっして小さくはない。

巧みな隠蔽

それなら、両者はこれから、どのように対決して行くのであろうか。さて、拙稿は前章までに、官側の歴史には、隠蔽されている、女米騒動が五件あることを指摘してきた。そこで、今度はそのなかの一つ、大正七（一九一八）年七月二三日の米騒動勃発の日の真相が、富山県警察部によって、どのように曲げられ、隠蔽されていくか、そのたくみな隠蔽工作の手並のほどから見ていきたい。

――ところで、付属資料の一つである、資料〔二〕-四「第四《ママ》、大正七年富山県下ノ所謂「米騒動」ニ関スル富山石川大阪ノ諸新聞記事一覧表」は、見たとおり県内のみならず、県外の石川、大阪をふくむ米騒動新聞記事掲載日一覧である。これを見ると、その第一席に、はっきりと、新聞名『富山日報』を挙げ、／掲載日七月廿四日、廿五日、廿六日／関係地方を三日共に魚津としてある。ところが、この〔二〕-四を解説している、つぎの資料〔二〕-五「所謂「米騒動」ニ関スル新聞中特ニ注意ヲ要スル記事一覧表」を見ると、魚津の同箇所が三日目の廿六日騒動終熄日を、「穏健」として記載してある以外、肝腎の廿四日、廿五日の米騒動勃発関連記事は、治安当局にとって、それは恰も、「特ニ注意ヲ要スル記事」に価しないといわんばかりに、まったく記載がない。実に絶妙この上もない隠蔽のしかたではないか。まるで手品師が知らん風をしながら、カードをなくしてしまうような。他のすべての日々では、蟻の這い出る隙もないほど、綿密に点検・検閲の目を光らせておきながら。その日七月二三日こそ、魚津の大町海岸で、女たちが恒例の戦法どおり、肉弾をもって、米俵を運搬する男仲仕たちの列を襲い、移出米を受け取りに寄港した汽船伊吹丸を、空船のまま逐い帰してしまった、記念的な米騒動勃発の日である。だが富山県警察部は、件の『富山日報』のその実相報道記事には一切触れず、さも何事も起っていなかったかのように、素知らぬ顔をしてすりぬけようとしたわけである。ところが、さすがの富山県警察部もその日を完全には無視し去ることはできなかったとみえ、別資料〔二〕-三「大正七年米ニ関スル哀願運動状況一覧表 自七月二十三日 至八月十九日」を起稿するにあたり、米騒動第一日目を、魚津の〈七月二十三日〉とした。ただし、その日なにがあったか、煙幕をはってみえないようにして。

巧妙な隠蔽工作はなおもつづく。さて、七月二五日付『富山日報』紙上に見える、米騒動突入第一報を劇的な記事ゆえに、まったくなかったことにした富山県警察部は、それなら、当の『富山日報』を、どのように検閲し、評価していただろうか。それが、なんとおどろくなかれ、しらじらしくも「富山日報ハ概ネ筆ヲ慎ミテ穏健ノ報導ニ努メ」と、しれっとして最大限に褒めあげていたのである。それを、『富山日報』がどう受けとめたか、その辺の虚実を『富山日報』側の記事から見ておくのも、また別種の味わいであろう。

八月下旬、富山県警察部から、新聞紙批判を最終の的とした、大量の米騒動関係資料の一括送付を受けた、県内各紙は読後感を早速自紙に掲げたことはいわでもながら。『富山日報』の場合は要を摘んで、こういっている。

「斉藤警察部長は余程神経が昂奮したと見え「越中女一揆」と新聞記事との関係に就てと云ふ一論文を草し、之を関係者に配布した。此論文は主として地方新聞記事を批評したもので、随分思ひ切つた不穏な文字が並べてある。本紙は幸にして概ね穏健なりとお褒めの言葉を頂戴してゐるが、政報は動《やや》もすれば脱線すと云ひ、タイムスは事を好む事甚だしく舞文曲筆を弄すると云ひ、高岡新報に至つては主筆を始めとして危険思想の集団のやうに呪ひ……」（八月二〇日）と。

このように、『富山日報』は富山県警察部長から、ひとり「お褒めの言葉を頂戴」したといって、軽く揶揄している。その「穏健」「お褒め」という言葉の裏を暴露する資格のあるのは、『富山日報』のみである。強いてそれをせず、かるくいなしているのは、さすが先輩格の大人《たいじん》の風というものであろうか。これにひきかえ、国家を背負い、気負いたっている官僚選良の方は手がこんでいる。七月二四日の『富山日報』が「漁民は此儘沈黙すべきにあらず何時騒動を勃発せんも計り知れざる形勢なり」と、魚津の緊迫した状況を事前に警告していた記事や、七月二三日――輸出米を積込みに寄港した蒸気船を空船のまま逐い帰してしまった、米騒動突入本番の日の記事を、裏へ押匿しておきながら、それらの記事の続報として、翌二六日の同紙上にある、戦い終った後、平穏に復した魚津町の記事のみを、一つ採りあげて、『富山日報』を評して、県内四紙中最も「穏健」と折紙をつけたのである。なかなかの手並である。裏はからくり。当局の検閲とは、こういう具合に、おもうがままに虚実を操り、辻褄をあわせていたのであろうか。

序でに、「一揆」なる、重大語を最初に遣ったとして、槍玉に上げられている（資料（二）-五）――『北陸タイムス』を見ると、「本県警察当局の弁明」という激しい論駁文が、やはり八月三〇日から九月一日まで三日間にわたって同紙に載せられてある。それを覗いてみると、その冒頭にこうある。

「両三日前本県警察部長斎藤行三の名を以て「所謂越中女一揆と新聞記事との関係に就て」と題せる謄写版美濃紙型二十四枚の一括書類を各方面へ配布せしものと見え本社へも参考として一部を送り来れり。其内容を一読して噴飯失笑」

という。そして、以下のような文章に出会す。「尚渠《かれ》は関係諸新聞差押へ一覧表中に八月一日の北陸タイムスを加へ居れり。八月一日の本紙が発売禁止せられしは事実なるも当日の紙上には女一揆の記事は一行もなく、又発売禁止は外交上の案件掲載の為なりし事は念を押す迄もなき事実なりき。／然るにも女一揆関係と称しつゝあるを見れば同刷物の其調査の疎漏にして無稽至極」とある。そこで、八月一日の同紙を見てみたところ、成程米騒動関連記事はないが、第一頁巻頭に「官憲の検閲眼／惑ふ所なき能はず」と題した、文意のよく似た社説が載っているので、これを見てみる。

県内紙の抵抗

それは、当時シベリヤ出兵に絡んで検閲が強化され、それに対する憂慮を披瀝したものだが、はじめにこうある。「昨今都鄙同業者間に官憲の忌諱に触れ印刷後発売頒布を禁止せられ押取の処分に逢ふもの少からず。本紙も又前日其厄に遭ひ甚だしき煩累に陥り高価なる元紙を暴殄《ぼうてん》せり」と。そして次節には、「然るに地方同業者及び隣県同業紙を見るに同文通信にして歴然禁止事項に該当するものが掲載しあるも発売禁止の厄に逢はざるあり他県は兎も角同一官場の検閲を受く管内に於て此《かく》の如くんば遺憾ならずや」とある。このように、検閲とは、虫の居所次第で、右に左に簡単に変りえたのであろうか。

守備圏をまもりきれず、富山県下の女米騒動が県外へ拡大していった全責任を、弱小な県内四紙におっかぶせる、富山県警察部長の容赦のない検断と脅しの遣口《やりくち》は、それにしてもまことに凄まじい。弱い者いじめというほかない。県警察部長が制えきれずに決然筆をとって書き上げた、告発書「所謂「越中女一揆」ト新聞記事トノ関係ニ就テ」（資料（二二））を、一緒の付属資料一式とともに併せ見るなら、げに一目瞭然であろう。擅《ほしいまま》に権力を笠に着た、その上、背後に県知事や検事正らによる大きな声援もある。

それに対して、県内四紙の方は、よくたたかったのではないか。小さいながら、力一杯に。警察当局の恫喝、告発が執拗で、強圧的であればあるほど、屈せず。暴風に対抗するように昂然と。裏日本のこんな小さな一県にさえも根をおろしていた、明治の自由民権運動時代以来の反権力の伝統と、当時の大正デモクラシーとよばれるものの実体は、少々の威しなどで崩れるような脆いものではなかったことを知るべきである。

そういえば、特筆されるべき、大正七（一九一八）年米騒動勃発を告げる——劇的な記事をただ一紙毅然として掲載することができた、『富山日報』とは明治一七（一八八四）年創刊の県下最始紙『中越新聞』が前身紙であり、大隈重信の改進党代議士島田孝之の創業であった。また、八月九日「女軍一揆富山にも起る」という標題を掲げたため、「富山ノ住民ニシテ誰レカ一揆ノ事実ヲ認メタル者アラン、而カモ此ノ新聞記事ヲ見テ戦慄シタル者幾何ナルヲ知ラサルナリ」と、県警察部長から大袈裟極まりない威圧的恫喝を受けた『北陸政報』は、この米騒動途中の八月末をもって廃刊となったが、この新聞も古い。これは自由党左派大井憲太郎の大阪事件＝明治一八年に連座し、その名を残した稲垣示が盟主となり、明治二二年四月、県下自由党の面々を結集して創刊された『北陸公論』の後継紙である。米騒動さなかに倒れた、この伝統ある『北陸政報』を惜しみ、一輪花をそえる。すなわち七月二三日付『北陸政報』は、後章で触れるように、七月二二日富山市役所へ「二百の細民」が押しかけたという、もっとも早期の米騒動的兆候を報じていたではないか。そして何よりも明治二二年一〇月の魚津の米騒動をはっきり一揆と呼んでいたことを想起する。

さて、三番手は『高岡新報』である。この新聞は明治二五（一八九二）年の創刊であり、自由党や改進党の明治一〇年代自由民権運動風とも違う、明治中期の新しい社会的風潮のなかに育っている。横山源之助ともこの頃から親交があった。米騒動の報道に、「高岡電報」はすでに明治末ちらほらと『大阪朝日』紙上に見えていたが、今度の米騒動の報道にあっては、『富山日報』『北陸政報』『北陸タイムス』等県内三紙に後れ、もっとも遅くに馳せ参じた。しかしながら、八月に入って、米騒動が西・東水橋や、滑川や、生地やへ移って、富山県下の細民の女たちが惹き起した米騒動が最盛期を迎えてからは、その実状を県内外へ伝えることに社運をかけたことは周知であろう。最後に、明治四一（一九〇八）年創刊の『北陸タイムス』は、県内四紙のうちもっとも若いゆえか、最古参の『富山日報』と先頭を競うように、米騒動を早くから報じ続けていたではないか。その挙句、「一揆」という禁語をイの一番に遣ったと、県警察部長から槍玉第一号にあげられていたろう。

このように、県内紙は、四紙四様、生活難をうったえてたちあがっていた女たちから、社会の本音の声をよみとり、味方する記事を載せていたことを記憶しておきたい。――小さな富山県内に、四紙もの新聞がそれぞれ妍を競い合っていた、大正デモクラシーの時代。そして米騒動の時代。しかしながら、太平洋戦争突入の頃、ついに蒸気船はみな徴用され浜に一船も姿を見せなくなり、新聞は県内一紙のみに淘汰、統合された。

さて、ここで蛇足ながら、戦前の回想一つ。

統合で、消え去る直前の、夕刊紙『高岡新聞』（『高岡新報』改題）の配達小僧をやっていた、二つ年上の町内の餓鬼大将にさそわれて、当時小学生であった私は、彼の配達に、二、三度ついてあるいたことがある。魚津の町の片半分、わずか数部たらずであったが。下駄をかき鳴らしながら、ぶらぶらと。昔米騒動を県外へ越境させ、県警察部長を激怒させた、気骨のある新聞であることをまるで知らずに。

（四）研究者たち――片山潜、細川嘉六他

片山潜と米騒動

民間側で、米騒動の歴史的意義とその研究の重要性について、誰よりも早く気付き、指摘したのは、誰あろう、明治三〇（一八九七）年、労働組合期成会誕生以来、常に日本労働階級のために生き、そしてその時ロシア革命の地の首都モスクワにあって、コミンテルン執行委員の地位にあった、老雄片山潜である。――片山潜といえば、壮士風の人間的臭みがない代りに、面白くも可笑しくもない、そんな人物を憶わせる。しかしながら、私はこの堅物の片山潜が残した二つの作品のみには頭を下げている。

一つは、明治三〇（一八九七）年、高野房太郎、横山源之助らと携わった日本最始の労働運動が、同三四年、治安警察法の施行によって早くも終焉を迎えた時、運動の書記長的存在であった片山潜が、若き西川光二郎の手助けをえて書き上げた、この初期労働運動の歴史的総括書となる『日本の労働運動』（労働新聞社、明治三四年）。巨細をきわめたその記録性に。そして一つは、最晩年に遙か日本に向かって書き送った、「大戦後に於ける日本階級運動の批判的総観」昭和六（一九三一）年四月『中央公論』春季特輯号である。この論文こそは、あたかも直前のロシア革命に続くかのように起きた、米騒動の革命性と欠陥とをあますところ

なく照らしだしていた。事実、わが国の米騒動の研究は、この時に始まる。それはその時とその後にどれほど大きな影響をあたえたろう。そこには、官よりもはるかに後れて目覚めることになる、今後の民間側の米騒動の研究がいかにあるべきかが――日本の労働階級のために終始生き、そして今終らんとする、みずからの残余の生命の火をかきあつめて書き残した、検閲のため、伏字だらけ、傷だらけになりつつも――なお提起されていることは感慨深い。

さて、その片山潜の「大戦後に於ける日本階級運動の批判的総観」が、当時最大級の情報誌である『中央公論』に掲載されたのは、昭和六（一九三一）年四月である。これにさきだつ大正一五（一九二六）年三月、こんないきさつがあったという。

「わたしが片山さんに会ったのは、一九二六年三月初旬、約十日間ほどモスクワに滞在したときのことで、毎日話しあった。ときに片山さんは六十七歳、私は三十八歳でした」で始まる、細川嘉六の回想記「「米騒動」研究の先覚――片山潜の思い出」（『細川嘉六著作集』第一巻、初出『アカハタ』昭和三四（一九五九）年八月六、八日）中に、こう述べられてある。まさにその「毎日話しあった」熱論の「十日間」こそ、米騒動の研究が民間側ではじめて企画され、泡立を始めた、劇的な瞬間であった。

すなわち、米騒動が日本の上下を震撼させた、その翌大正八（一九一九）年、倉敷紡績の大原孫三郎の私財によって、大阪に設立された大原社会問題研究所。その名を文字通り社会問題と冠した。初代所長に、日本労働運動生みの親高野房太郎を兄とする東京帝国大学経済学部教授を辞任したばかりの、わが国社会政策の先覚高野岩三郎を迎えて。その研究所員細川嘉六が書籍等の蒐集を兼ねたヨーロッパ留学の帰路をシベリア鉄道にとったとき……。

「帰国してこの話をすると、研究所では「やろう」ということになり、六、七年間毎年予算をくんで資料あつめからはじめた。多くの人たちの協力をえて各県庁や裁判所などの記録を筆写したり、新聞雑誌の関係記事を全国的にあつめたりした。大阪では、三・一五事件、四・一六事件の被告の家族たちが手つだってくれたが、この仕事が同時に家族の救援や結集に役立ったという意外な効果もあった。とくに裁判所関係のものは故人になった布施辰治弁護士が非常に力をつくして、司法関係をうごかし、全国にわたる裁判記録をとってくれた」と。

こうして、まず全国規模の資料蒐集という困難な基礎作業から、事は始められた。片山潜とのモスクワ会談の約束に基づき、細川嘉六が責任者となって。名実ともに研究所の仕事として。そして、研究所のみならず、加えて所外の人々のひろい応援と協力をえてなしとげられねばならなかったことを、細川嘉六が明かしている。この民衆史の未知の大海に挑んだ成果が、戦災と散逸とをまぬかれ、現在残っている、所謂一時細川文書と別称された、大原社会問題研究所米騒動関係資料である。かくして、今日主なる米騒動研究は多かれ少なかれこの資料の山に拠りつつ、端を発している。他にどこにもこれほどの資料群はないから。

その大原社会問題研究所米騒動関係資料に最初に依拠した、成果第一号こそが、大正一五（一九二六）年三月の片山潜・細川嘉六会談の五年後、昭和六（一九三一）年四月『中央公論』誌上に掲載された、片山潜

「大戦後に於ける日本階級運動の批判的総観」に他ならぬ。そこには、裁判審理七千八百余と書かれてあるように、布施辰治らの助力をえた裁判記録の蒐集や、所外多数の人々の協力をえた基礎資料の筆写やを過半終えた段階が大方踏まえられてあるだろう。

次いで、その翌年、成果第二号が、若い世代代表細川嘉六によって書かれている。老闘士片山潜の論文は、幸に総合雑誌の雄『中央公論』上に載せられたけれども、内容の傾向が強烈ゆえに、検閲でずたずたに切られ、満身創痍、鬼気迫るものとなっていたが、それとくらべ、細川嘉六の論文の方は左翼用語の駆使、革新的思想の展開においても、片山潜の上を行くはげしさであったにもかかわらず、これには何故か、一字の伏字もない。それは掲載誌が『大原社会問題研究所雑誌』という、かぎられたものたちのみによって閲読される研究雑誌であったからか。あるいは、論文名に用心深く、〈資料〉という没個性語に収斂されて、「大正七年米騒動資料——一、富山県資料」（昭和七年二月二〇日第九巻第一号）とあるように、ただ地味であることに徹していたからか。——だが、その頃時代はすでにきなくさい十五年戦争段階へ入りはじめており、細川嘉六の米騒動研究は富山県の部とつぎの和歌山県の部のみでとぎれている。

このように、最初に口火を切った、日本労働運動育ての親片山潜と、米騒動発祥の地富山県を出身地とする細川嘉六の論文は、このとおり両々相俟って、米騒動研究という民衆史の大海へはじめて力強く漕ぎだしたのである。だが、それは同時に欠陥をも内包しつつというべきであろうか。それなら、その欠陥とはなにか。

忘れられた七月

それは、片山潜の教唆により、若き細川嘉六が情熱と希望をもって蒐集した、大原社会問題研究所米騒動関係資料がみずから求めた蒐集傾向ゆえに生じさせざるをえなかった欠陥であり、ある意味では決定的な欠陥である。すなわち、この年大正七（一九一八）年の米騒動が、「越中女一揆」といって、全国に喧伝されたのは八月である。その資料蒐集がまさしくその燃える八月から開始されている。ところが、米騒動勃発の劇的な発端は、実はすでに七月期に始まっていたのである。その上、富山県警察部、司法（判・検事）部、郡役所等、官側の上部当局がとってきた、女米一揆・騒動に対する隠蔽・歪曲工作とからんで、七月期の真相はさらに闇を重ねている。このようにして、大原社会問題研究所文書に依拠した、民間側の米騒動研究は、戦前の片山潜、細川嘉六論文に限らず、戦後の諸研究においても、その資料蒐集の欠陥を踏襲し、七月期を欠落させてきた。その上、その欠落を補おうとして、当局側の資料を借りれば、官側に都合よく変換された米騒動の建物のなかをどう経巡ったのであろう。かくして民間側の米騒動研究は、初動の時において早くも危をはらんでいる。官よりも遅く始まった民間側の米騒動研究は、後れた分だけ高い代価を払わされることになったのではないか。それが経済原則なら。

それならば、欠落した七月期の闇とは——そのことから、まず見ていく。

さて、富山県警察部作製の、資料（二）-四「第四、《ママ》大正七年富山県下ノ所謂「米騒動」ニ関スル富山石川大阪ノ諸新聞記事一覧表」を見ると、同年七月中にある、富山県米騒動新聞記事を七点挙げている。一点は七月二三日『北陸政報』の富山市の記事。次に同月二四〜二六日にかけ、魚津町の記事五点が固まってある。

即ち『富山日報』が二四～二六日まで三日続いて三点、『北陸タイムス』が二四、二五日の二点。そして最後の一点が同月三一日『北陸タイムス』の東岩瀬町の記事。以上七点である。さて、傑出して多い、五日間も続いてある魚津の記事は後に廻し、それを挟むようにしてある、七月頭尾の富山市と東岩瀬町の記事からまず目を通しておく。

もっとも早くにある、『北陸政報』七月二三日付富山市の記事は、少々異色である。その記事標題には、「二百の細民市役所へ押掛く／浅田家の施米に洩れた連中／之れも米高の生活難ゆえに」とある。富山市の富豪浅田平三郎が死去に際し、「窮民救助」のため「金二千円」を寄附。これを受けた市役所は「白米五升宛《づつ》」の施米券を「窮民千二百戸」に交付した。ところが、これに洩れた、「杖に縋つた汚苦《むさくる》しい婆《ばあ》さん達もあれば子供の手を曳いた女房連もあつて其数約二百名」の細民らが、「昨日の午前」市役所へ押掛けたという。そして「自分等は確かに其の恩恵に浴する資格充分の細民である」、「今日の米価は三十三銭もするから一円六十何銭に当り五升もあつたら三四人の家族のものは三日位は助かる」と。この事態にたいして、『北陸政報』は末尾にこういう評言をつけている。「昨今の米高が如何に細民をして生活難に陥らしめて居るかが窺はれる」と。事は施米騒ぎとはいえ、これも米騒動の変種であることにちがいはない。富山市は富山十万石の城下町であり、加えて売薬業という、きわめて特異な産業をもっていたから、時々このような富豪による義捐があったのであろう。この記事の中に、他に「新庄出身在大阪新井氏」による「一戸一升五合」千戸の近例があげられてあるから。序ながら、富山市は内陸部にありながら、海沿いの魚津その他におとらず、米騒動を常習とした処である。その騒動の主力が被差別地域の人々であったように、城下町の足下にあって、より階級分化がすすんでいたしわよせによるのであろうか。それにひきかえ、魚津には漁業という板子一枚の天然業に頼る以外になにもなかった。

それはさておき、つぎに七月三一日の『北陸タイムス』記事を見ると、「お米は高くても／弱い音を吹かぬ人間の強さ／然し又々岩瀬の金持へ細民」と題して、石三十四円五十銭にあがっている米価騰貴、生活難について種々筆を走らせた後、こうある。「今又仄聞する処によると東岩瀬町の細民が同町の素封家馬場、米田、畠山《はたやま》の大家へ攻め蒐《か》け开《そ》して其の窮状を訴へて救済の策を懇望したとか、世の中は段々と物騒に成り蒐《か》ったものと謂はねばなるまい」と。この記事には、東岩瀬の騒ぎの日が何日であったか記載がないが、おそらく、それは富山県警察部資料〔二〕-三「大正七年米ニ関スル哀願運動状況一覧表 自七月二十三日 至八月十九日」中に、同町の浜町、浦町、一番町、二番町の「細民女子」らが資産家邸へ向かおうとして、途中警察「署長」に「懇諭即帰宅」、「未然ニ阻止セリ」と記述のある、同月二七日、二八日両夜に繰返された騒ぎのことであろう。とすると、新聞は「大家へ攻め蒐け」「窮状を訴へ」たと既遂をうたい、片や警察は「未然に阻止せり」と未遂をいいはっている。両者の言い分の隔たりは実に大きい。とくに際立って見えるのは、「懇諭即帰宅」させた、〔分〕署長による功績宣伝の光面のみではないか。その上、「当日ノ概況」に曰く。二七日「同日ハ平静ナリシモ再挙ノ虞アリ」、二八日「運動ヲ実現スルニ至ラスシテ大体平穏ニ帰ス」と。なかなか陰影の濃い書き振りではないか。因に今はロシア船も碇泊する、近代的富山港が実は東岩瀬港の今様の姿である。昔は支藩である富山藩十万石の海への出口を扼する、本藩加賀前田百万石の枢要の地であり、かつ北前船の寄港地として廻船問屋、海商やの富豪が軒を並べて栄えた一方、魚津におとらず、米騒動頻発地であった。

それゆえか、その光と翳は濃く、つよきには媚びつつ、よわきにはつよくあたった、大江戸の町同心的、港役人的遺風がどことなく漂う。はたせるかな、東岩瀬の騒ぎは熄まず、この後八月九日、八月一九日へと続く。序ながら、七～八月をつらぬく東岩瀬町の女たちの行動の意志が奈辺にあったか把握する意味で、以下に八月一九日の騒動を報じた『北陸タイムス』（大正七年八月二一日）の記事を一瞥しておく。

たとえば「代表者ヲ立《タテ》テ同町資産家ノ出捐方ヲ哀願シタルモ警察官ノ諭示ニ依リ穏ニ退散」とある県警察側の同夜の叙述と、やはり遠く隔たっている。新聞にはこうある。「上新川郡東岩瀬町にては十九日夜大町なる富豪馬場道久氏方へ約二百名の細民押寄せ異口同音に米価廉売方を嘆願せしかば同氏は金二千円の寄附を為す事を為せしが一方細民は寄附金希望せず白米一升二十五銭位の安価に販売あらん事を要望する者なりと益々強談せんとしたるが折柄巡査出張説諭を加へたるより不承〳〵翌朝二時頃に至り漸く退散（略）」と。この記事は県警、当局側の慣用語である「哀願」「嘆願」という表現を裏切って、余りある。そこには、夜中の二時になっても、腰をあげぬ、道理をとおすための、強談判があり、それはけっして寄附や施しや慈善を乞う行動ではなかった。一対一の、対等の、購客と米商との、騰貴しすぎている分を差引いて売るべきであるという、まことに尋常な話合いであったことを知るべきであろう。なんと率直な、力強い掛合であろうか。この記事について、長谷川博・増島宏「「米騒動」の第一段階」が、かくいう「注目すべきは、一時的な富豪の救助（寄附金）ではなく、米の廉売を要求していることである」と。

ついでに付言一つ。馬場家は大正一二（一九二三）年、県に百万円を寄附している。さらに旧制七年制富山高等学校（後官立）設立基金、小泉八雲のヘルン文庫も寄附。

以上が米騒動史から忘れ去られている、空白帯である大正七年七月期における、富山市の一点、東岩瀬町の一点についてである。ところが、魚津町の場合は、同七月期において、五点を数える。新聞記事の数からいっても注目される。記事の内訳を挙げると、『北陸タイムス』が二点「生活難襲ふ／猟師町／役場へ嘆願」（二四日）、「一揆米屋を襲ふ／魚津町に愈《いよいよ》生活難の殺気」（二五日）。

『富山日報』が三点「窮乏せる漁民／大挙役場に迫らんとす／不漁続きで如何んともする能はず／悲痛な生活難」（二四日）、「米は積ませぬ／魚津細民海岸に喧騒す／細民が困憊し居れる窮状察すべし／汽船空しく出帆」（二五日）、「魚津細民鎮静＝救済法／漸やく諒解す」（二六日）。

以上のとおりである。米騒動発生前に、新聞紙がなぜどこよりも先に魚津に注目していたのか。

騒動の報道記事

それはさておき、魚津の状況につき、七月期はいまも未知の世界であるゆえ、少々丁寧になるが順を追って見る。

「生活難襲ふ／猟師町／役場へ嘆願」と題した、七月二四日付『北陸タイムス』には、最初に米騒動のため、七月二〇日未明立ち上がろうとした様子が、つぎのように載っている。「下新川郡魚津町大字上下新猟師町民は主に漁を以て生命を繋ぎ居る者《を》なるが此頃は漁の切れ目で左程収入がなく一方出稼の主人及家族よりも送金がないので、留守宅の妻子等は物価騰貴の影響を受けて糊口に困難する所より誰言ふとなく一つ党を与《くみ》して役場へ救助方を迫らうでないかと発起したがソレは良策なりと忽ち附和雷同し、二十日未明同海岸に於て女房共四十六人集合し役場へ押し寄せんとせしを逸早く魚津警察署に於て探知し巡査数名を同所へ派遣し其不心得を説諭して解散せしめ、後総代三名を召喚し西田署長から其善後策につき種々協議する所があつたと言ふが、一方署長に於ては郡長及町長と協議の上其実際困難に堪えないものを調査して何とか救済したいと協議する処があつた（略）」と。これが大正七（一九一八）年米騒動開始を報じる、最初の新聞記事である。

さらに、この翌日の七月二五日付『北陸タイムス』は、前日の記事を追って、つぎのように米騒動の急転回を報じている。見出しは「一揆米屋を襲ふ／魚津町に愈生活難の殺気」とある。その記事はいう。

「昨報の如く下新川郡魚津町大字上下新猟師町の貧民は生活難の一揆を惹起《ひきおこ》さんとて廿日未明海岸に集合せしを警察署が逸早く探知し解散せしめ総代を召喚して説諭する所ありし為め彼等も一時静粛となり居りしが、如何《いかゞ》感じけん又々廿三日夜一同鳩首密議を凝らし党を組みして数組に分れ魚津町内各米穀商店に殺到し此際米を他へ輸出して我れ〳〵を困却せしめなば竹槍を以て突き殺すから左様心得よと恐ろしき剣幕に各店主も恐怖の念に堪へず直《たゞち》に警察署に届け出《いで》たればコワ一大事と数名の警官直に馳付け一同をして説諭の上解散せしめたるが一時は町内大騒ぎをなせり因に警察署にては之が首魁と見做すべきものを調査の上相当処分をなすべしと」（全文）。

ところが、この『北陸タイムス』の記事と、つぎに見ることになる『富山日報』の記事とは、同じ七月二三日の魚津の一日を追った記事でありながら、そしてまた発行日も同じ七月二五日でありながら、記事内容になんと大きな違いがあるのであろう。以下は七月二五日付の『富山日報』記事である。

見出しは「米は積ませぬ／魚津細民海岸に喧騒す／細民が困憊し居れる窮状察すべし／瀛船空しく出帆」。

本文は、

「下新川郡魚津町の漁民は近来の不漁続きに痛く困憊し、生活難を訴ふる声日に高まり、果ては不穏の形勢を醸すに至りしは昨報の如くなるが、二十三日も汽船伊吹丸が北海道行の米を積み取る為入港し、艀船にて積込みの荷役中、かくと聞きし細民等は、そは一大事也、さなきだに価格騰貴せる米を他国へ持ち行かれては、品不足となり益《ます〳〵》暴騰すべしとの懸念より、群《ぐん》を成して海岸に馳せ付け米を積ませじと大騒動に及びし為、仲仕人夫も其気勢に恐れを懐き遂に積込みを中止したり、依つて伊吹丸乗組員も此上群集せる細民と争ふは危険なりと考ひ、目的の積込みを中止し早々に錨を抜いて北海道へ向け出帆せり、細民等は喧騒裡に凱歌を奏して引上げ、同夜同町の米商店を戸別歴訪し、其窮状を訴ふると共に他国へ米を搬出せぬ様懇談する処ありしといふ、されば町当局も警察側も此儘放任せんには如何なる暴動を惹起せんも計られずと為し、救助方法に就て協議を重ね居れり」（全文）と。

両紙の報道が、どうしてこうも違うのであろうか。表と裏ほどに。その最大の違いは、『富山日報』が報道できた、七月二三日日中（早朝）魚津で起った、船荷米積出を実力で阻止した、米騒動勃発事件につき、

『北陸タイムス』はまったく書いていないことである。さらに、もう一つ目立つのは、米騒動発生を知らない『北陸タイムス』が、同夜の米商訪問のみを記事とした時、細民らが「竹槍を以て突き殺す」などと、ありえない不穏至極な言辞を遣って、店主を威したという。この記事は、『富山日報』の同夜米商訪問時の穏和な懇談記事とはやはり大きな違いである。どうして、両紙にこのような違いが生じたのであろう。両紙共魚津に支局があったらしいが、七月二三日の取材についてみれば、『富山日報』は仲仕会社、船会社、米商らにもほぼ目が行きとどいていたと思われるのであるが、『北陸タイムス』はほとんど魚津警察署一つに頼ったのではなかろうか。その取材の時、魚津警察署は米騒動の突発を抑えられず、初っ端《ばな》から責任重大な失点を負わされ、その失態を押し隠すため、事件の発生について緘黙した。その上してやられた腹癒《い》せに、同夜米商訪問のみに限って語り、その時「竹槍を以て突き殺す」などと、とんでもない尾鰭を付けて焚きつけたのではないか。失点を負った警察が。とすると、『北陸タイムス』は警察側の腹癒せ的戯言《ざれごと》にまんまと乗せられたことになる。「各店主も恐怖の念に堪へずとか」「町内大騒ぎをなせり」等。ならば、『富山日報』には、『北陸タイムス』のような魚津警察署への取材がなかったのであろうか。いや、その取材の痕跡を留めているのが、『富山日報』七月二四日号の記事である。一通りこの記事を読んでみると、『北陸タイムス』同様、『富山日報』も、魚津警察署に一度はひっかけられた形跡が濃厚である。比較のため、以下に全文を見ておく。

「下新川郡魚津町の漁民は近来不漁続きにて大に困憊なし居る上米価は倍々《ますます》暴騰するより、其日の糊口に窮するもの続出し、遂にやり切れなくなつたと見え、二十二日夜より寄り寄り集会を催し居りし結果、窮状を町当局へ訴え出づべく、二十三日早朝大挙して、町役場へ迫らんとする形勢甚だ険悪となりたるにぞ予て斯くあるべしと警戒中なりし警察署にては、巡査数名を要所要所に配置し、其行為の不穏なるを訓戒し、それそれ帰宅せしめ、一時は鎮撫するを得たるも、漁民は此儘沈黙すべきにあらず何時騒動を勃発せんも計り知れざる形勢なりといふ」と。

さて、やはりここでも、『北陸タイムス』と同様、米騒動突入事件の真相は緘黙され、押し隠されている。しかも、『富山日報』には、『北陸タイムス』記事とは違う、まったく別方向の、警察側作る所の虚構世界の展開がある。それはなにかというと、事件の焦点を外らすため、海岸への集合を伊吹丸の方へではなく（伊吹丸という船名の記述すらない）、魚津町役場へ押しかけるためであったかのように作り変えられているばかりか、七月二二日夜から二三日早朝にかけ警戒していたという、警察側警戒劇がいみじくもここで初披露されている。この目新しい、まことによくできた虚構の登場は、次には県警察部「大正七年米ニ関スル哀願運動状況一覧表 自七月二十三日 至八月十九日」（〔二〕-〔三〕）第一席の概況文に再生されるが、原出が魚津警察署であり、騒動勃発緘黙と同時であったことは特記される。

騒動実行者たちの弁

さて、それなら、当の実行者たちが、米騒動突入の時の状況をどのように語っているだろうか。ここで、本人たちの、口下手な、そして貧しい証言にしばらく耳を傾けてみよう。古い土俗語をすこしは都風に加工しながら。

明治二五（一八九二）年の辰年に生まれたので、それをひっくり返して、つたという名が付けられたという、江口つたは語る。

「ねんねをおんぶして行った」
「指導者は高町のたっきゃさ（家の呼称＝苗字滝本、今は絶家）のおばば」
「わたしら若いあねまは、おとろ（怖ろ）しくって、そのおばばの前ではよう口もきけなかった」
「そのひとの命令ならなんでもきかなきゃならなかった」
「仲仕（宿）へ押しかけた」、「数日間」
「蒸汽（船）が来る時を仲仕の男衆がかかたちに連絡してくれた」（仲仕多数は顔見知り）
「米の積出時におしかけ、（仲仕に）つながっておさえた（米）」
「晩に積み出すことになった」
「このときも、仲仕は女衆にしらせてくれた」
「晩の出荷時に再度襲撃して、（米を）おさえた」
「一晩中の坐りこみ、見張りもやった」
「警察の干渉となった〔注1〕」

「魚津では、明治四五年のときのほう（米騒動）がもっと大きかった」と。

もう一人、登場願おう。新下猟師町（俗称でき町）の中町地区の生れで、江口つたの二つ歳下であり、中町から同じでき町の新屋敷地区に嫁いだ、それ故、このとき、同新屋敷地区の女たち十数人に呼び掛け、江口つたらの、中・高町本隊の応援に、後から駆け付けた、川岸きよも、こういっている。

「止《や》めてくれ止めてくれと口々にいうばっかりやなしに、担いでいる米俵につながって落としました。そこへじんだはん（巡査）が二、三人やってきて大声で叱ったもんやさかい、みなわっと後ろに下がりました。その時分のじんだはんは恐ろしかったもんで、裸になっても、小便しとっても、連れていかれたもんですかい（ものですから）……それでも負けずにわしらまたかやってきた（帰ってきた）もんやさかい、とうとう差し置かれました〔注2〕」と。

このように、女たちは、仲仕たちが肩にした米俵、また肩、腰につながって（手を掛けて）、積出を妨害した。作業を続行すれば、米俵を脚、腰に打ちつけて、大怪我をすることは必定であり、なによりも米俵を塩水に落としてしまったら、万事休すである。いかなる大の男でも、作業続行は不可能であった。すなわち、女たちは作業中の仲仕たちを襲い、蒸気船を空船で逐い帰す——この行動目的を完全に遂行している。

〔注1〕 立花雄一「横山源之助と米騒動」(『大原社会問題研究所雑誌』第四八七号、一九九九年六月号)。
〔注2〕 玉川信明「米騒動と女房たち」(『日本の食生活全集 一六 聞き書富山の食事』農山漁村文化協会、一九八九年)。

毫も不穏の行動なし

大正七(一九一八)年の米騒動はかくして幕を開けてしまうのだが、いきなり大失点をとらされてしまった警察当局としては、この米騒動勃発の事実を、取材に訪れた新聞記者には決して語ろうとせず、その顛末について、翌々日に報じている『富山日報』の記事を完全に無視するという挙に出たわけである。幸い、掲載紙は県内紙一紙のみであったから。そして、この日に煙幕を張って、何があったか具体的にはわからないようにし、片鱗をおぼろにして、世間に公表したのである。米騒動の第一号として――官製米騒動年表である「大正七年米ニ関スル哀願運動状況一覧表 自七月二十三日 至八月十九日」(米騒動進行中に作られているため、期間が半端で生々しい)中に、第一席に記載。騒動地を「魚津町」、発生日を「七月二十三日」とし、なんと当日の概況を「平穏」として。しかも〈経過〉が以下のように記されてある。すなわち、

「二十二日夜猟師ノ女房連三四名ガ共同井戸端ニ於テ米価ノ騰貴ハ米ヲ輸出スル為ナルヲ以テ明日船ニ登載《ママ》セサル様願フ《ママ》デハナイカト談話シ居タルヲ探知シ警戒シ居リタルニ果シテ廿三日午前八時三十分頃四十六名ノ婦女連海岸ニ集合シタルヲ以テ穏ニ制止退散セシメタルモノニシテ毫モ不穏ノ行動ナシ」

とある。警察当局の筆にかかれば、そこには、騒ぎや騒動の影すらもない。騒動そのものがなかったというのだから、「当日ノ概況」が「平穏」であるのは至極当然である。

　このように、警察当局の手によって、米騒動勃発の日の真相は「穏ニ制止退散」で幕、歴史から消されたのである。やはり女たちが党をくんだ騒動、一揆など、国家にとってあってはならなかったから。その上、この警察当局が創作した「概況」「経過」を、つぎには下新川郡役所という、魚津町役場を監督する役所文書が裏書きをし、更に保証したのである。富山県警察部長・内務部長連名の郡・市長宛「米　騒《〔サワギ〕》ニ関シ調査方之件」に対する、同郡長の回答書文頭が、それである。すなわち曰く。

「這般《しゃはん》ノ米騒ナルモノ、其ノ因テ起レル動機細民ノ行動等ノ既往ノ事実ニ付之ヲ概括的ニ観察スルニ本郡ニ於ケル所謂米騒ナルモノ、発端トモ見ルヘキハ大正七年七月二十二日本郡魚津町大字新下猟師町ノ漁民部落ノ婦女連三四名ガ彼等ガ日常使用セル共同井戸端ニ於テ「昨今　如　斯《〔かくのごとく〕》　米価ガ日々騰貴シ尚此ノ上天井知ラズニ昂ル様デアルガ本年ノ様ナ春以来不猟ニ打続キ殊ニコレカラハ一層夏海ノ不漁期ニ向フ際我等如キ其ノ日稼ギデ其ノ日ノ米ヲ買ハナケレバナラヌモノ共ハ迚《とて》モ遣リ切レルモノデハナイ此ノ末如何ニナリ行クモノカ実ニ不安ニ堪ヘズ全体如斯米価ガ昂ルノハ米ヲ他ヘ輸出スルカラデアル今日モ彼ノ汽船ハ此ノ浦デ沢山ノ米ヲ積ンダ明日モマダ積ムサウデアル依テ明日ハ米ヲ出シテ貰ハヌコトニ願ハウデハナイカ」ト談合シ居タルヲ警察署ノ探知スルトコロトナリテ警戒中ノトコロ果然翌二十三日午前八時頃同部落ノ婦女連六十名斗リ海岸ニ集合シテ口口ニ何事カ訴ヘ米ノ輸出ヲ阻止セント企テタルコト是レナリ而シテコノ集合ハ警察ノ説諭ニ依リテ直ニ退散シタルモノニシテ此ノ間毫モ騒擾的暴動ノ挙ニ出タルコトナク只管《ひたすら》ニ米ノ値下ゲヲ愁訴嘆願スル態度ナリシヲ認メタリ（略）」。

この、県庁の権威を背にした県警察部長・内務部長連名の調査命令書に対する、下部機関下新川郡役所の郡長回答書は、さきに県警の敷いた官製米騒動史の概況に副い、さらに修飾されている。ところが、当時四六人の本隊中にあって、若手の働き手であった江口つたの言によるなら、すでに数日前から、たっきゃさのおばばの指令にしたがって、一戸一人の動員令が伝達されてあって、海岸見張等の前哨戦的蠢動がはじまっていたから、今更前日の晩に、わざわざ井戸端会議をひらいて、発起をきめるなどありえない。

しかるに、富山県警察部長も、下新川郡長も、前夜女たちが発起の打合せ会議を開き、それを警察が逐一探知していたという。この治安当局者の言が本当か、否か、江口つたの言はその嘘を真っ向暴いているが、もう少し検証をかさねておこう。

さて、ここら新下猟師町（でき町）一帯は、魚津港が築港され、どまん中をひろい道路が貫通するまでは（昭和一二、三年前後）、路地から路地へ小さな家並がかたまりあい、とくに騒動の時に本部的役割を果した、中・高町地区ではその中央に位置する所にある、小屋掛した共同井戸一つを除いては、人の集まれる場所はなかった。したがって、その井戸端こそが唯一の会議場であったことは確かである。そこで、魚津警察署長も、下新川郡長も、この井戸端会議場を恰好の舞台にしつらえあげていくのである。しかしながら、事実は、そこらには、私服や、サーベルをぶらさげた制服警官やが身を潜め、聴耳を立てる、あるいは徘徊できる物理的余地などどこにもない——狭隘な結界的排他的地区であることを、幼少時、でき町の一角で育った私は、証言しておきたい。

このように、官のウソは重なっていく。

本番前夜の七月二二日夜の設定といい、新派の女優のような、漁師女房がけっして口にしない井戸端会議の高級すぎる対話といい、それは警察と郡長による共同創作である。しかも、井戸端会議の模様を前日から逐一探知して、厳重に警戒していたとよくぞいう。すなわち、女たちの米騒動であり、騒擾罪であるべき、その動きを事前探知していなかったとすれば大過失になるからである。事前探知こそが絶対命令であり、それゆえにこそ、蜂起日七月二三日の前夜——二二日夜の井戸端会議劇が念を入れて、まことしやかに作られている。すべて己の失点隠し、点数稼ぎのためだ。官はそのためならば、百方手をつくしていく。たとえば、さきにも詳述したように、富山県内紙記者の取材に対し緘黙して真相を隠したり。あるいは方角を曲げて教える。また公表文書のなかで、手品師のようにすりかえてみたり。挙句に県警・郡役所等総がかりの虚構工作に、吉河光貞検事『所謂米騒動事件の研究』がさらに加勢して国家的に重層をかさねている。かくして、勃発の日七月二三日は精緻な捏造の日となった。

細川嘉六の記述

さて、そろそろ本題である、研究者側の問題に入らねばならぬ。しかしながら、ここで気になるのは、いま見てきた、官側の怪奇に輻輳した舞台裏の虚々実々を、研究者たちがどの程度感得していただろう。この一事である。それならば、米騒動は八月と疑わぬ研究者らが、七月期の資料の欠落を何によって補っていただろうか。それはやはり大原社会問題研究所が蒐集した、八月以降の新聞・雑誌中の関連箇所、もしくは郡役所制度廃止（大正一五＝一九二六年）後、研究所が蒐集した下新川郡役所『大正七年／米価暴騰ニ伴フ細民救済関係』綴、中新川郡役所同類文書等の中から、まことに細心、丹念に拾いあげられていた。

それでは、細川嘉六本人が米騒動の発端をどう記しているだろうか。まず、それから見ていく。

「七月二十二日夜魚津（当時人口約一万五千）では、明朝移出米五百石を積込まんとする汽船伊吹丸の入港を前にして、同町漁民部落の婦女子は寄り〳〵相談し、米の移出は米価を益々暴騰させるから移出を差止めることに協力することに決定した。翌朝八――九時の間に婦女子約六十名、同町海岸に集合し予定の通り移出差止めにかゝつた。だが、この差止め運動は、前夜既にこれを周知した同町警察の警戒厳重なために、「警察の説示により直ちに解散せり」といふ結果に終つた。」（「大正七年米騒動資料-一、富山県資料」『大原社会問題研究所雑誌』第九巻一号、一九三二年二月）。米騒動発端につき、これが研究史上最初の記述である。そこには、七月二五日付『富山日報』記事、江口つた、川岸きよ証言にある真相の片鱗もない。それなら、細川嘉六はその根拠をどこから得たか。すべて官記録からである。

すなわち、郡役所廃止後に研究所が手に入れた、一冊の下新川郡役所綴『大正七年／米価暴騰ニ伴フ細民救済関係』の中に発見した、三点の書類から。一点は「八月九日県庁ヨリ電話」とある「細民騒擾ノ行動情況概要」の報告命令に対する、郡からの回答「電話回報ノ要領」中に、こうある箇所。

「魚津町／一、七月二十三日午前同町漁民部落ノ婦女子六十名計《バカリ》汽船伊吹丸入港、輸出米五百石ノ搬出スルヲ聞込ミ米ノ搬出ハ益々暴騰ヲ来スヘキモノト誤解シ之カ搬出セサル様中止セシメムトシテ海岸ニ集合セシモ警察ノ説示ニ依リ直チニ解散セリ（略）」。

他の二点ハ前述シタ警察資料〔二〕-三「大正七年米ニ関スル哀願運動状況一覧表 自七月二十三日至八月十九日」、及び九月二八日付富山県警察部長・同内務部長連名、各郡市長宛「米騒《サワギ》ニ関シ調査方之件」に対する、下新川郡長一一月四日復命書中「一、管下ニ於ケル米騒ニ関スル概括的観察」冒頭にある、同箇所ヲ適宜按配したものである。

このように、米騒動研究の先覚者細川嘉六は八月期以前の資料蒐集を怠ったばかりに、県警察部、郡役所等官側の公・秘文書をそっくり借りる羽目となり、そのため官側の論断に囚われた。即ち女米騒動勃発時の歴史的真相（当局が隠蔽した）を見落す決定的誤りのうえに、積出阻止実行のために、海岸に集まった女たちが、阻止行動に入る前に、「警察の説示により直ちに解散せり」という、警察・郡役所が水も洩らさず連繋した、官側のいい分を少しも疑わずに受け入れてしまっている。なんとしたことであろう。官が米騒動の研究と対策を日々怠らなかったのは、職責上当然のことである。したがって、その研究が民間側の研究よりも一日の長があることも。まして、その対策においておや。

法政大現地調査団の報告

細川嘉六論につぐ、つぎの研究の出現は、太平洋戦争を超えた後となる。その先陣を切ったのは、戦後九年目の昭和二九（一九五四）年。その一月一日と一一月一日発行、法政大学社会学部学会編『社会労働研究』創刊号、第二号上にある、長谷川博・増島宏「「米騒動」の第一段階――現地調査を中心として」（第二号では副題――富山県下現地調査を中心として）である。米騒動の研究が、焼跡時代をこえて、ようやく発行されるようになった大学紀要の創刊号を飾っており、またその実地調査（学生数名を含む）が遠隔地ながら、米騒動の発端地富山県であったことは注目される。それならば、戦後最初の米騒動論文が発端部をどうとらえていたか、同誌第二号完結編「米騒動の経過」中にある、「騒動の序曲」冒頭全文を以下に引く。

　七月二〇日の『北陸タイムス』は「米界乱調子、生活上の由々敷大問題」なる記事を掲げている。魚津の米価は六月末にはすでに一升三〇銭を突破し、七月の十日前からは更に上昇に転じ十六日三一銭十八日三二銭となり、二一日には三三銭と昂騰した。この天井知らずの米価の暴騰は誰よりも先ず漁夫家族にとって、耐えられない苦痛となった。この頃から三々五々人々は生活を守る道を話し合っていた。七月二二日の夜のことであった。

「魚津町大字新大猟《ママ》師町ノ漁民部落ノ婦女連三、四名ガ、彼等ガ日常使用セル共同井戸端ニ於テ『《ママ》昨今如斯米価ガ日々騰貴シ尚此上天井知ラズニ昂ル様デアルガ本年ノ様ナ春以来ノ不漁ニ打続キ、殊ニコレカラハ夏海ノ不漁期ニ向フ際、我等如キ其日稼ギデ、其ノ日ノ米ヲ買ハナケレバナラヌモノ共ハ迚モヤリキレルモノデハナイ此末イカニナリユクモノカ、実ニ不安ニ堪ヘズ、全体如斯米価ガ昂ルノハ米ヲ他へ輸出スルカラデアル、今日モ彼ノ汽船（伊吹《ママ》丸）ハコノ浦デ沢山ノ米ヲ積ンダ明日モマダ積ムソウデアル依ツテ明日ハ米ヲ出シテ貰ハヌコトニ願ハウデハナイカト談合シテ[1]』いた。これをいち早く警察署が探知し、警戒していたが、果せるかな、翌朝午前八時三十分頃四十六名の婦女連が海岸に集合し、米の輸出を阻止せんとした。しかしこの集合は厳重な警察の警戒と「説諭」によって解散せしめられてしまった。しかし、「何時騒動がボッ発せんも計り知れざる形勢[2]」であった。

さて、現地調査を重視したという、この戦後初の現地調査団は上記引用文中に、七月二〇日の『北陸タイムス』記事、または脚注に（2）とある七月二四日の『富山日報』記事をあげているように、大原社会問題研究所米騒動資料のみに頼らず、みずからの現地調査の一環として七月の富山県内紙にも一応目をとおしていた模様である。しかるに、騒動評価において、戦前期の細川嘉六論文同様、県警察部、下新川郡長ら官側の幾重もの隠蔽と作文の構図から自由たりえず、その結果、婦女たちは目的を果さず、「厳重な警察の警戒と「説諭」によって解散せしめられてしまった」といっている。すなわち、やはり官側の言い分に全面服してしまっているではないか。

それならば、戦後先頭を切った、法政大学調査団の典拠引用文はいかなる資料に基づいて述べられていたか。一応見ておこう。

それはかなりに多様である。

脚注（1）がいうように、依拠資料の第一は、下新川郡長の復命書が主柱となっている。この下新川郡長の文書を中にして、さらに二、三の補足資料が加わってできている。補足の一つは（伊吹丸）とわざわざ括弧をして示された船名の出所である。それはどこから来たか。それは騒動勃発隠蔽のため、官の公表資料である富山県警察部「大正七年米ニ関スル哀願運動状況一覧表 自七月二十三日 至八月十九日」あるいは下新川郡長復命書中では、伊吹丸という名の汽船来港は匿されている。それが辛くも公式文書ではない、電話連絡のため下書きされた復命用書類が下新川郡役所綴の中から偶然発見され、そこに記載されてあった汽船名を、さきに細川嘉六が使い、つぎに今回括弧（注1）に入れてつかったことになる。補足の二番目は、「午前八時三十分頃四十六名の婦女連が海岸に集合し」とある箇所である。これは官の指標である富山県警察部「大正七年米ニ関スル哀願運動状況一覧表 自七月二十三日 至八月十九日」中の第一席にある、七月二三日魚津の「経過」からとられた。つぎの補足の三は、文末に「何時騒動がボッ発せんも計り知れざる形勢」であると、続戦を臭わせて終っている一行である。これは脚注（2）がいうとおり、「富山日報七月二十四日」からとられている。このように、叙述構成をみると、法政大学社会学部調査団の米騒動序曲部は、三つの官側公秘資料を繋ぎ合せつつ、新たに調査団自身が発見した、七月期の県内新聞資料を加えている。そしてその文末に、『富山日報』七月二四日号末尾に、「何時勃発（ボッ発）せんも計り知れざる形勢」とある一節を加えることによって、それまで官側の言い分に基づいてきた叙述構成とは違う破調を予告して終っている。さて、資料分析はここらで終るが、以下もう少し考えてみたい。

法政大学調査団は七月の県内紙に目をとおし、七月二四日の『富山日報』も見ていたのだから、当然翌日の七月二五日の、——魚津の浜の女たちが「大騒動」し、「汽船空しく出帆」させ、「凱歌」を挙げたという、米騒動完勝記事を見ていたはずである。ところが、同調査団はそれを米騒動の勝利記事とは見ていなかったらしい。あくまでも、米騒動の真相は、権威のある、官の警察発表以外はないと、彼らは固く信じこんでいたようだ。——「しかしこの集合は厳重な警察の警戒と説諭によって解散せしめられてしまった」は、米騒動勝利よりも、警察言明にぴったり重なっているから。発端地魚津浜調査なし。現地調査中心といいつつ。この戦後最初の米騒動学術調査は、それなら、どのように行われたろう。

「今夏さらに一歩進めることになり、米騒動の発祥地富山県に赴き現地調査をおこなつた。同地方に対する団体による調査は、われわれ（一行八名）がはじめてであるといわれた。／今次の調査活動は、ある町では「全町挙げての協力」をうける幸運にさえめぐまれた。しかし、主として経済上の理由から、米騒動発生の歴史的記念日八月三日を中心にする僅々十日間に限られ、その間に富山市、水橋町、滑川町、魚津市の各地に亙つたので、残念ながら極めて重点的なものとならざるをえなかつた。」（略）（われわれの場合、例えば滑川においては下記のように行うことができた。米騒動に参加した漁師及び老主婦の座談会。当時の郡役所書記、警察官、在郷軍人、消防関係者等の現存者よりの聴取。当時大衆の襲撃をうけた米肥商金川家の家人よりの聴取。売薬業及び漁業協同組合関係よりなる調査会。地方史家との討究等。）

と巻頭言にある。実に多様であろう。

京都大学人文研も

さて、次は、いよいよ、全国にまたがる米騒動の研究を大成させ、これ以上はないとされる、京都大学人文科学研究所日本部米騒動研究班による、井上清・渡部徹編『米騒動の研究』全五巻（昭和三四～三七年）が書く、米騒動発端時の点検である。

同書「はしがき」を読むと、「私たち京都大学人文科学研究所の日本部では、一九五四（昭和二九）年夏以来、米騒動研究班をもうけた。幸にして、細川嘉六氏の御好意により、同氏の集蔵されている資料を、ことごとく借用することができた。私たちは、まずこの細川資料を整理し分類し、その要点をカードにとることから研究をはじめた。こうして明らかにされた事実を根幹とし、私たちが入手できたほかの資料を追加し、先人の諸研究のとるべきをとり、また京都府・大阪府・愛知県等の若干の地域については現地調査もおこなった。以来四年余、ここに、ようやくその成果を発表」とあるように、京大調査団による米騒動発端地富山県下の現地調査は行われていない。そこで、同書は発端部の記述に、依拠資料が同じ「細川資料」であり、かつ富山県下現地調査を済ませている点で、「先人の研究」である、法政大学社会学部調査団の成果が借りられ、その結果、両者米騒動の発端部記述は、ほとんど同じとなった。たとえば、現地記述冒頭の「魚津町大字新大猟《ママ》師町の漁民部落」とある、法政大学調査団の誤植部分。さらに『富山日報』に「勃発」とある語を「ボッ発」と変えた所までも借用された。そしていう。

「七月二三日、本県のみならず全国最初ののろしが下新川群魚津町であげられた。その前日の二二日に、「魚津町大字新大猟《ママ》師町の漁民部落の婦女連三、四名が彼等が日常使用せる共同井戸端に於て、昨今如斯米価が日々騰貴し尚此上天井知らずに昂る様であるが、本年の様な春以来の不漁に打続き、殊にこれからは夏海の不漁期に向う際、我等如き其日稼ぎで、其の日の米を買わなければならぬもの共は迚もやりきれるものではない。此末いかになりゆくものか、実に不安に堪えず、全体如斯米価が昂るのは米を他へ輸出するからである。今日も彼の汽船（伊吹丸）はこの浦で沢山の米を積んだ。明日も積むそうである。依って明日は米を出して貰わぬことに願おうではないかと談合して」いた（下新川郡長「復命書」）。これを探知した警察は、直ちに「警戒し居りたるに、果して二三日午前八時三〇分頃四六名（「六〇名ばかり」—郡地方課聴取）の婦女連が海岸に集合したるを以て穏かに制止退散せしめた」（『富山県警察部調書』—以下『警察』と略称）が、なお「何時騒動がボッ発せんも計り知れざる形勢」と伝えられた（富山日報）。」とある。

このように、戦後米騒動研究において、頂点に立つ京都大学も、法政大学共々、戦前期の民間研究機関大原社会問題研究所代表細川嘉六同様、官の女米騒動勃発隠蔽工作の光と闇に目を眩まされ、その七月期を見失ったばかりか、穴埋資料の大概さえも、やはり官側に負うこととなった。その結果、しつらえられた、官側の思惑通りとなり、官の提起する女米騒動即哀願運動論を疑わず、最後は警察の説得に聞き分よく退きさがる。目的を果さずして解散する、哀れな米騒動の勃発期把握となっている。こうして戦前戦後の研究はいずれも大同小異。米騒動の発端期をこのように歪めて小さくみるなら、その評価が八月革命幻想期より低くなることは当然であろう。

以上がもうすぐ米騒動百年を迎えようとする、研究者側の大勢である。われわれは真実を追究しているつもりでも、かつての大本営発表をどれほど超克しえているのであろう。とまれかくまれ、大正七（一九一八）年七月二三日の空白の一日を、真実に沿って、『富山日報』（同年七月二五日号）や、江口つた、川岸きよたち生証人の証言に基づいて埋められるなら、米騒動発端期の評価はすくなからず変ってくるのではないか。そして、われわれの暗い近現代史に一筋の光が射すのではないか。

いわでもながら、それなら、次章で、米騒動をたたかった女たちとは、いかなる心根の人々であったか、その辺にたちいってみたい。

（五）　みんな一味やぞ

施しを断る

輸出米を積込む蒸気船を何度も逐い帰した戦歴をもつ、下新川郡生地町の浜の女たちは、女米騒動で名高い富山県のなかでも、もっとも行動的であった人々である。大正七（一九一八）年八月四日、立ち上がるや、足許の米商店を強襲するのみにとどまらず、翌五日、六日は、一里余も離れた隣村石田港に蒸気船入港を聞きつけるや、「素破《すは》大変と做《な》し同夜約三四百名の女が十一時頃一団となつて」、同港へ馳せつけようとし、途中巡査部長らが制止に従事していたが、彼女らは「判りました〳〵」と口に称《とな》へつ、前進し石田港に到り同港の細民婦女と共々に喧囂《けんがう》を極め翌六日黎明頃漸く離散」、ついに荷役を「不能」にさせたという（『高岡新報』八月九日）。巡査の制止を「判りました判りました」と口々に受け流しつゝ、深夜にもかかわらず、一里余も距てた隣村港にまで押し掛けて行き、すでに浜でさわいでいた石田村の女たちを捲きこんで——ついに蒸気船への積込を阻んでいる。このような、女たちのしぶとさを他でもすこし見ておきたい。

たとえば、八月八日、滑川で同町の米肥会社が準備した千石の輸出米を、三徳丸が積込みに入港したが、形勢不穏のため、倉庫に蔵われた米を一俵も積込むことができず、ついにむなしく出港せざるをえなかった。

その日同米肥会社は、「五百円を瀬浜町漁民へ寄附すべく内意を含みたるも同漁民は他町《たてう》の人々に対し斯《か》る醵金《きよきん》は受け難しとて応ぜざりしやに伝へられたる」（『高岡新報』八月九日）とある。

そこには、七月二七日以来、八月も米騒動に再三再四執拗にたちあがっていた、東岩瀬町の浜の女たちが、巨富馬場家からの「金二千円の寄附」の申入れをきっぱりと断り、あくまでも米の安値売を要求していたという事実と通い合うものがある。生地町、石田村の女たちが一つに結び合っていたように。そこには同じ連帯の意識があり、同時に施しや、憐愍を拒絶するきびしさを見ることができる。それは、おそらくは越中浦々の女米一揆に共通する矜持、規律であったろう。

また、東水橋で、八月六日の早朝、前夜水橋町警部補派出所に、男子一名、女子三名が引致されたため、同派出所前へ三百数十名の女たちがおしかけ、「口々に警察の不法を鳴らし罪は引致せられたる人々に非ず我れ〳〵なり若し罰するならば我々も共に罰せよと称して去らず、一方別働隊の女軍《ぢよぐん》は海路船に乗じて滑川本署」へ抗議に向かっている（『高岡新報』八月七日）。また、所替って、ちょうど同じ頃合（八月五～七日夜）。魚津町の浜の女たちは、「老へたるは杖に縋《すが》り若きは子供を背負ひ或は手を牽《ひ》き連れ」（『高岡新報』八月九日）して、隊を組んで各米商店に押しかけていた。そのとき、一隊の後方を従《つ》いてきた、警察署近くの△△△小路の青物商（でき町地区を行商）が一人、魚津警察署へ引致された。「それで私ら、百人ぐらいだったか、すぐ警察におしかけて行って、〝わしら全部が一味やぞう〟〝一味やぞう〟と、叫んだ。警察びっくりしてもて、八百屋さん即座に釈放しましたわ」（川岸きよ証言＝『サンデー毎日』一九七二年八月二十日号、増田れい子「3人の母ちゃんの証言・コメ騒動から55年」）。さらに、同夜における別証言には、「警察へ女衆が押しかけ〝その男《ひと》はなんにもしておられんがや、その男をつかまえるのなら、わたしらをつかまえて下はれ！〟とがなりたてたら、解放された」（江口つた証言＝前出『大原社会問題研究所雑誌』「横山源之助と米騒動」）とある。このように、一旦囚われた者を釈放させているのは、魚津町のみではない。この年の富山県下女米騒動の最高潮には、東水橋町や、滑川町の女たちは、それぞれに滑川警察本署へおしかけた結果、囚われていた仲間たち全員（滑川町の男三〇名など）を解放させている。すなわち、署は官の権威をまもるためには、逮捕した全員を、女たちの目の前で釈放してみせる他なかったのである。恩赦かのように。このように、越中女米騒動の実態は、富山県警察部が総仕上げした、県下女米騒動即哀願運動論とは似ても似つかない。

それはさて措き、それなら、当時の日本女性たちと彼女たちはちがっていたろうか。それを少し見ておきたい。さいわい、京都大学の『米騒動の研究』が、徳富蘇峰社主『国民新聞』（同年八月一二日）からとったという、当代名流女史たちの言葉を二、三、勝手ながら孫引いてみたい。

嘉悦孝子女史「こう昇っては結局二食主義を断行しようかとも思っています。（中略）富山の主婦一揆の意気込みで、私達は暫らく忍んでも堅実なる家庭生活の基礎を作らねばなりません」

鳩山春子女史「婦人社会より率先して適当な減食を試みるより外はありますまい。然し之れは国民の体力に関係のあることですから、まず学者の研究や為政者の意見が聞きたいと思います」

山脇房子女史「日本人の満食主義は改めねばなりますまい。減食して物価騰貴を切り抜けるのが第一の方法と思う程行き詰りました。特に上流婦人の一顧に値するでありましょう」

これが当時教育界一流者らの言葉である。私立女子商業学校（嘉悦女学校）、共立女子職業学校（共立女子学園）、山脇女子実修学校（山脇高等女学校）の創設者ら。

同じ国家にあって、下積みに生きる浜の女たちは、――いつの頃からか、所を問わず、浦から浦へ、以心伝心、たたかいの仕方も、こころも、ひとつにし、〝罪は引致せられたる人々に非ず我れ〳〵なり、罰するならば我々も共に罰せよ〟といい交し、そして、〝わたしら、みんな一味やぞ！　一味やぞ！〟を合言葉としながら、自分らの足と手と頭で、米価高の現状を打開するためにたちあがっていた。

普段その女たちは、艪や櫂をもって遠く沖へでかけて行く亭主たちが腹を空かしていては漁ができないから、亭主たちの弁当を充たすために、五合、一升の米を米店へ買いに行っていた。彼女らや子供らが口にする米ではない。なんといとおしいことか。愛だ。

女房一揆の本質

それ故米価が騰ると、米価をつりあげている元凶米商らを次々と訪れ、米の買手として、粘り強くかけあい、旅＝他国、北海道への米の輸出をやめるようにせまり、その後に驀進した。かくして、それは始まった。そして、米仲買店、警察署、町役場、郡役所、県庁をまきこみ、かならず成果をかちとるまで、けっしてあらがいの戈《ほこ》を収めなかった。米価騰貴のその年は、きっとあの浦この浦で、それが起き、役人たちをうろたえさせ、きりきり舞いをさせた。そのような女たちを、高級官僚ほど無知文盲《もんもう》の輩だからと。またある種の人々は、米騒動の女たちは政治的に目覚めていなかったという。そうだろうか。国家の下の、そのまた下の、物言わぬ、動かぬ土台石であるべき女たちが、とつぜん党をくんで、社会の表におどりでてくること自体、国家体制の屋台骨を底の底から揺がしてやまぬ、これ以上はない政治的、社会的事件ではなかったか。しかもこれでもか、これでもかと。声をあわせて、何年も、何年も。

——数知れぬ玉砕や敗退や、転向につぐ転向をかさねてきた、わが国の暗闇の近現代史のなかで、彼女らこそ、唯一頑強に一歩もひかず、国家と対決してきた稀少の者たちではなかったか。

わが大日本帝国は執拗に抵抗してやまぬ、女米騒動の鎖を叩き切ろうとして手をつくしてきた。だが、ついにそれは果せなかったのである。切っても切ってもまた塞がる水のように。そして、その女たちは最底辺で生きるが故に、生身の人間であることをあたりまえとして、満天下によばわってきた。女に人間的権利はないものときめられていた時代に。それゆえに、ある人々からは限りなく愚直よばわりされた。なんと貴い愚民たちであったことか。このように、彼女らには彼女らのみの自由・法・歴史があった。国家の規制・歴史とは無縁に。おそらくは縄文以来……。

さて、こんな興味深い話がある。大正七（一九一八）年米騒動のまっさかりに。おそれ多くも、天皇家は三百万円という恩賜金を民草に下賜することとなった。つづいて、皇・華族、金持ちたちが先を競って大金、中金を出捐した。かくして、日本国中、さきに起ち上った富山県の女たちに同情しない者はなかったという。蜂起した全国各地の暴徒はもちろん。制える側のお役所、警察、消防団、在郷軍人会、青年団らも。上下をあげて。敵も、味方も。ウソのような、真実の話。——いいにくいことを、よくぞあかしてくれたということであろうか。なんとも、珍妙な国事であった。

そういえば、日本史上、国法を破った者たちが人々の同情を買い、支持された例は、赤穂四十七士の義挙が、芝居、講談、正史の裏話やに残っているのみであろう。人形浄瑠璃、歌舞伎の『仮名手本忠臣蔵』などは最高の国民演劇とされ、師走になると、三百年後の今日もなお脈々と上演されている。その亜種、変種にいたっては、小説その他に幾百千と限りもない。その浪士たちは潔く死を決して血判状に名を連ねていた。御法度《ごはっと》である米一揆にたちあがった女たちは、やはりみんなで下獄を誓い合っていた。

そこらが、とおく、ひびきあうのであろうか。普遍的なもの。上下、敵味方、だれにも。時代や、国家や、性やのちがいを超えて。ただ人として生きていく。米騒動の女たちが繰返してきた。その生き様は、それゆえに、もっとも危険なものとして、国家の手で完璧に埋没され、葬りさられてきた。「忠臣蔵」の浪士たちが薪に臥し嘗胆辛苦のはてに、一人残らず死を強制された物語に劣らず、それはかがやく古典であり、掘り起され、今日的価値を見なおされていい。否定されつづけてきたものがなんと大きな価値であったことか。明治維新・帝国憲法・教育勅語に拮抗して、誕生していた日本の近代。けっして愚ではない。まことの人間主義。目覚めた女たちとも違う。それゆえに、封印された。世界史にも特異であろう。

（六）なおなおがき一つ

同じ〈米騒動〉という言葉でも、民間側（実行者、新聞、研究者）と警察側（治安当局）とで、噛み合っていないようである。意味合い、遣い分けが。民間側は、大小、何も彼も、一緒くたに、〈米騒動〉の一語に括られている。

これにひきかえ、警察の方は、職業柄、〈米騒動〉を、刑事事件たるか否か、篩《ふるい》にかけて、分けていたようである。刑事犯罪に入るものと、準ずる要注意的なものと、準にもはいらないものと、この三者に。民間側には、このような篩の区別はない。しかしながら、米騒動というからには、それは、米一揆＝凶徒聚集罪、騒擾罪に直結する、国家的重大事件であるから、できる限り慎重な気配りが要求される。火は小さいよりも、大きく見える方が賑やかにちがいないけれども。

水橋町の場合

この問題につき、少し考えてみる。一例として、大正七（一九一八）年米騒動発端日問題につき、目をとめてみたい。魚津より前だという説のある、水橋町の場合はどうか。東・西水橋町は、八月三日以降隣町の滑川を捲きこんで、富山県下における、女米騒動の絶頂期をつくりだした。そのことが県外に大きく報道されるや、水橋町の名は滑川町と共に一躍有名となった。

ところが、水橋の女たちの動き＝米騒動は、すでに前月の七月初旬梅雨時季からもう始まっていたという。三人の鬼のように恐い女親分に連れられた、女仲仕たち二、三十人の群が毎夜続けて米商宅へ抗議のため押し掛けていたという。ところが、田舎の小さな町で、毎夜起きていた、その異様な女たちの集団行動について、警察の詳細な米騒動簿（「大正七年米ニ関スル哀願運動状況一覧表 自七月二十三日至八月十九日」他）には、それは影も形も記されてない。どういうことか。それなら、何よりも、当時実行者の生の証言を聞くのが先決であろう。米騒動五十年後に当たる、一九六八年に、生残りたちから辛くも生の声を、テープ・レコーダーに写し取っていたという、「東水橋米騒動参加者からの聞き取り記録」（松井滋次郎聞き取り、井本三夫編〔越中史壇会『富山史壇』第一一一～一一二号、一九九三年〕）を覗かせていただくなら、こうだ。まず、警察がこれを知っていたか否かの問いから始めよう。

「棒切れ一つ持ってたこともない。あこなち（あそこの家＝高松）のガラス一枚壊いて来たこともなし――。／そんださかい、毎夜さ行く時にね、担《ママ》いで水橋の警察（派出所）の前通って行っても、何しに行く、言われたことちゃ、こっだけもない。だれど背中のねゝがキャッー言うたことあってふり向いたら、知らん男のッさん（男の人）立っとられて、堪忍《かんにん》してくれ言われる。私服のじんたはん（巡査）だちゃ。バンドリ〔北陸地方の蓑〕の下、何んか悪いもんでも持っとらんかと思て探ぐり廻いてね、泣かしてしもたがです。この人はん何べんでも、三日やら来られて三日がら同《おな》い事して謝《あやま》られた。」

とある。

このテープ起しによるなら、警察は明らかに知り悉《つく》していたのである。七月初旬梅雨中の水橋女米騒動を。女たちが何処へ行き、何をしているかを。高松米店への女たちの抗議行動の、その一部始終を。雨蓑バンドリの奥に手を入れて、何を隠し持っているか、負ったねんねのお尻までも抓《つ》めって見て。警察国家と異名のある、戦前の日本の警察にぬかりのあるはずがない。それならば、どうして、警察の事件簿（米騒動）に、それが記載されてないのか。女たちの抗議行動は毎夜毎夜旬日間行われたというのに。ふたたび、テープ起しの体験談を聞く。

「昔は草鞋《わらじ》ばっかり。こういう下駄どもちゃ履かいてもらえなんだもんです。こうやってね、（赤ん坊）おんぶして行きましたれど、雨ゃ降ったとその上にバンドリ着て笠かぶってく。」「伊よんさのお婆《わ》わと、弥助さと甚きどのお婆《わ》わ、こういうお婆わらちにおらっちゃ連れられてくがです。それに行かなんだと叩くやらぶつやら。（略）

三人して叩かれんがだ、顔でも背中でもドッシーンと。おらっちゃ若いもんな、こういう鬼婆《ば》ばておろかて言うたもんだった。」

「「今晩は」て行こうげ、二十五人でも三十人でも。ほして「お父さん（御主人）に会わしてくたはれ」言うても、何十遍行っても、お父さんにちゃ会われんが。おとッつあんも出てこんにゃ、おかッつあんも出て来ん。」「ほしたと伊よんさのお婆わと、弥助さのお婆わと甚きどのお婆わと、親方三人して戸叩き出すがやちゃ、店前《たなまえ》の戸を――。ほして言われっことだ、「なんかおらっちゃ米一升くれて言うか、米一合くれって言うとっか。たゞ米を北海道へやらんといてくれて申し込みに来とるだけぢゃ、（略）」そってもとう〳〵出て会われなんだ。」

この証言によれば、交渉は一人相撲、一方的な壁訴訟に終っている。毎夜毎夜話合いは拒まれ、無視されつづけている。騒動とは、即ち社会矛盾の衝突のことであるが、そこには、その衝突がない。事件がないのだから、警察の事件簿に記載されなかったのは、不思議ではない。一方、彼女らにとっては、相手にされなかったとはいえ、体感的にはかなりに重い米騒動的体験にちがいなかったとしても。

かくして、八月三日以降、彼女たちが再挙した時、涙をのんでひきさがった、そして不発に終った、七月初旬の熱い、無念の体験が怒りの炎となって、一斉に噴出したのであろう。そして、今度は滑川の本署へ囚えられていった、仲間をとりかえすため、水橋から滑川への海を、彼女たちの一団が、手漕の舟を列ねて、波を切って漕ぎ上っていったという。それは、まるで、ギリシャ神話の女族アマゾンの、その戦う勇姿を髣髴とさせるようで、私の背筋に一種の戦慄をおぼえさせる。

七月の体験は貴重である。

魚津町につき

米騒動発端日七月二三日〔注1〕につき、蛇足一言。この日の目的は、何であったか。それは、はっきりしている。蒸気船への輸出米積込阻止。それならば、すべてはこの一点に傾注、集中されねばならぬ。合戦場は当然今日輸出される米倉。――「大移出港である魚津（下新川郡）の米価は常に県下最高であり、次で滑川は二番目であった〔注2〕」――その「常に県下最高」である魚津町浜多与兵衛米店が使っている十二銀行倉庫。その裏から艀船までの六、七〇メートルの間を、男仲仕たちの肩に担われて行く、米俵の列を襲う。そして言葉でいって駄目なら、肉弾戦をもって搬出を断念させる。これが今日の全目的である。さて、その大町海岸には、同倉庫へ行き着く、手前百五〇メートルの処に、仲仕宿（詰所）がある。作業の指示を受けたり、仲仕たちが一服する所である。だが、汽船積込がまだ開始されていなかったため、女たちはまず途中にある其所《そこ》に足をとめている。仲仕宿は作業場ではない。したがって、目的の合戦場であるはずがない。それなら、なぜここに寄り道をしたか。なにしろ、今日こそは戦わんかなと気負い立っている女たちの集団である。名にし負うデキ町（新下猟師町）の、中町地区を主体にし、指揮者たっきゃさのおばばが属する高町地区の女らが加わった本隊四六人と、これに後から加勢に駆けつけた、新屋敷地区の女らと、総勢六〇人の女たちの来訪。不意のように、女たちが此所《ここ》に寄ったのは、すなわち輸出米の搬出作業をやめるように、仲仕たちに呼びかけるためである。それは本番突入の予告行動であり、牽制行動であった。したがって、ここで多少悶着めいた小騒ぎがあっても、それは同一集団による別の米騒動であるはずがなく、本番戦にふくまれる前哨戦、偵察戦とみなされる。現場へ行ってみればわかるように、なにしろ、仲仕宿と十二銀行倉庫とは、なかなか明媚なおなじ大町海岸の、一つの目路、指呼の間にあるのだから。ところが、この衝突を、二つ別々の米騒動とみるむきがあるので、愚見を述べた。

七月二三日の騒動に参加した、一九八九年九五歳になった川岸きよさんが、衝突現場案内のために、老躯をかって、旧十二銀行倉庫裏に立った、一枚の写真（九二頁）がある。これは何を意味するだろう。そこへ行くには、仲仕詰所前を越えていかなければならない。

大町海岸へ行く途中に、別の猟師町＝鬼江町がある。そこの育ちで、当時幼少四歳であった本間春さん〔注3〕の回想によれば、その時、外で遊んでいたが、姉に手を引かれて、遊び仲間の子供らと一緒に、目の前を騒がしく通るおかからの後をつけて行き、仲仕宿前の騒ぎや、防波堤（波止場）の石に腰をおろして、目の前で展開された十二銀行裏の戦いを見ていたと言っている。

話はとぶ。仲仕たちの立場は微妙である。敵か、味方か。縁者、顔見知り。細民救済基金の醵出者たち（明治二三年魚津町に創設された社会福祉制度の魁。米騒動発生時用）。さきに七月二〇日頃本隊四六人が大町海岸で最初の蜂起をしたとき、やはり仲仕宿に押しかけ第一声をあげている。かくして、七月二三日の輸出を、事前に女衆に通報してくれたのは、誰あろう仲仕であったという。また、この後八月二五日、ひそかに汽車で大阪へ輸出されようとした、十二銀行倉庫の蔵米を、江口つたら「五六十名」が追いかけ、停車場道でようやくとりおさえ、中止をさせることができたが（「西田警察署長多数の巡査を指揮出動」『富山日報』『北陸毎日新聞』）、これを直前に急報してくれたのも仲仕であったという。／七月二三日の衝突の際、仲仕らにあうんの怠業がなかったか。／七月二〇日前後、いくつも動きがあったという（江口つた）。／魚津は滑川より金持ちが少なく、貧乏（図1、2「戸数割」参照）。

〔注1〕『高岡新報』（八月九日）の七月一八日説は裏付が弱い。
〔注2〕『社会労働研究』第二号、一九五四年一一月（法政大学社会学部）。
〔注3〕⑴本間春「米騒動を見た」（俳誌『喜見城』一九九二年九月号、五一三号、魚津市発行）。
⑵「目撃した本間春さんに聞く／子供ながらに衝撃的」（『北日本新聞』一九九八年七月二六日米騒動八〇周年）
本間春この時八四歳。大正三年生。旧姓魚岸。魚津町鬼江町＝元町（下猟師町）出身。

米騒動現場に立つ川岸きよ95歳＝旧十二銀行倉庫裏庭

（農山漁村文化協会『日本の食生活全集』16『聞き書富山の食事』1989年10月刊所収、玉川信明「米騒動と女房たち」より）

米倉庫に案内してくださった川岸さん

米倉庫の内部
現在は漁具置場になっている。

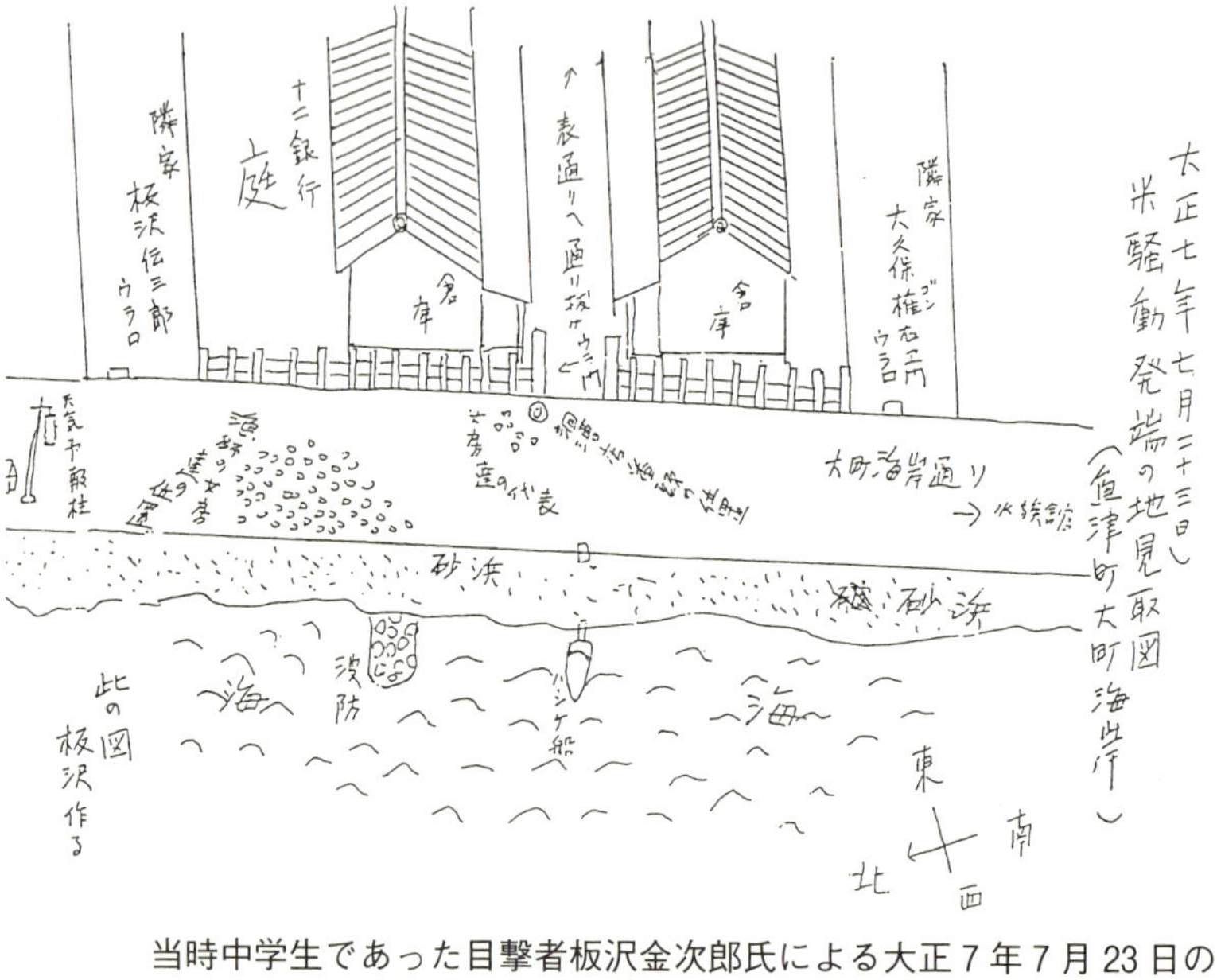

当時中学生であった目撃者板沢金次郎氏による大正7年7月23日の十二銀行裏での事件の状況図（『魚津民報』1998年9月10日号掲載）

図１　魚津町大正７年県税戸数割

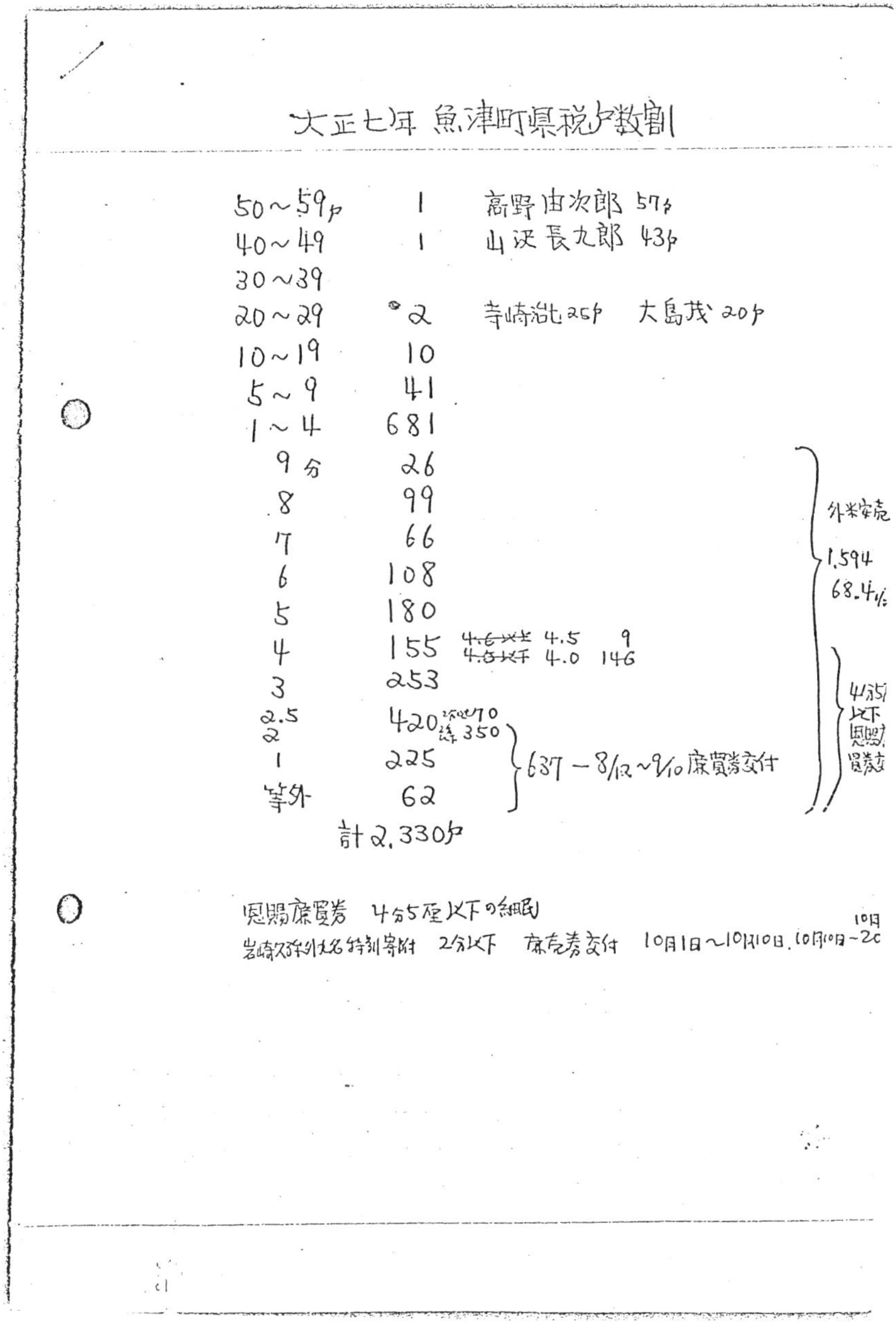

大正七年 魚津町県税戸数割

50～59戸	1	高野由次郎 57戸
40～49	1	山沢長九郎 43戸
30～39		
20～29	2	寺崎治七 25戸　大島茂 20戸
10～19	10	
5～9	41	
1～4	681	
9分	26	
8	99	
7	66	
6	108	
5	180	
4	155	~~4.6以上~~ 4.5 9 / ~~4.5以下~~ 4.0 146
3	253	
2.5 / 2	420	2分以上 70 / 以下 350
1	225	
等外	62	

計2,330戸

（2分以下350・1・等外）637－8/15～9/10廉買券交付

（9分～等外）外米安売 1,594 68.4%

（4分5厘以下）恩賜廉買券交付

恩賜廉買券　4分5厘以下の細民

岩崎久弥外大名特別寄附　2分以下　廉売券交付　10月1日～10月10日，10月10日～20日

図２　滑川町大正７年県税戸数割

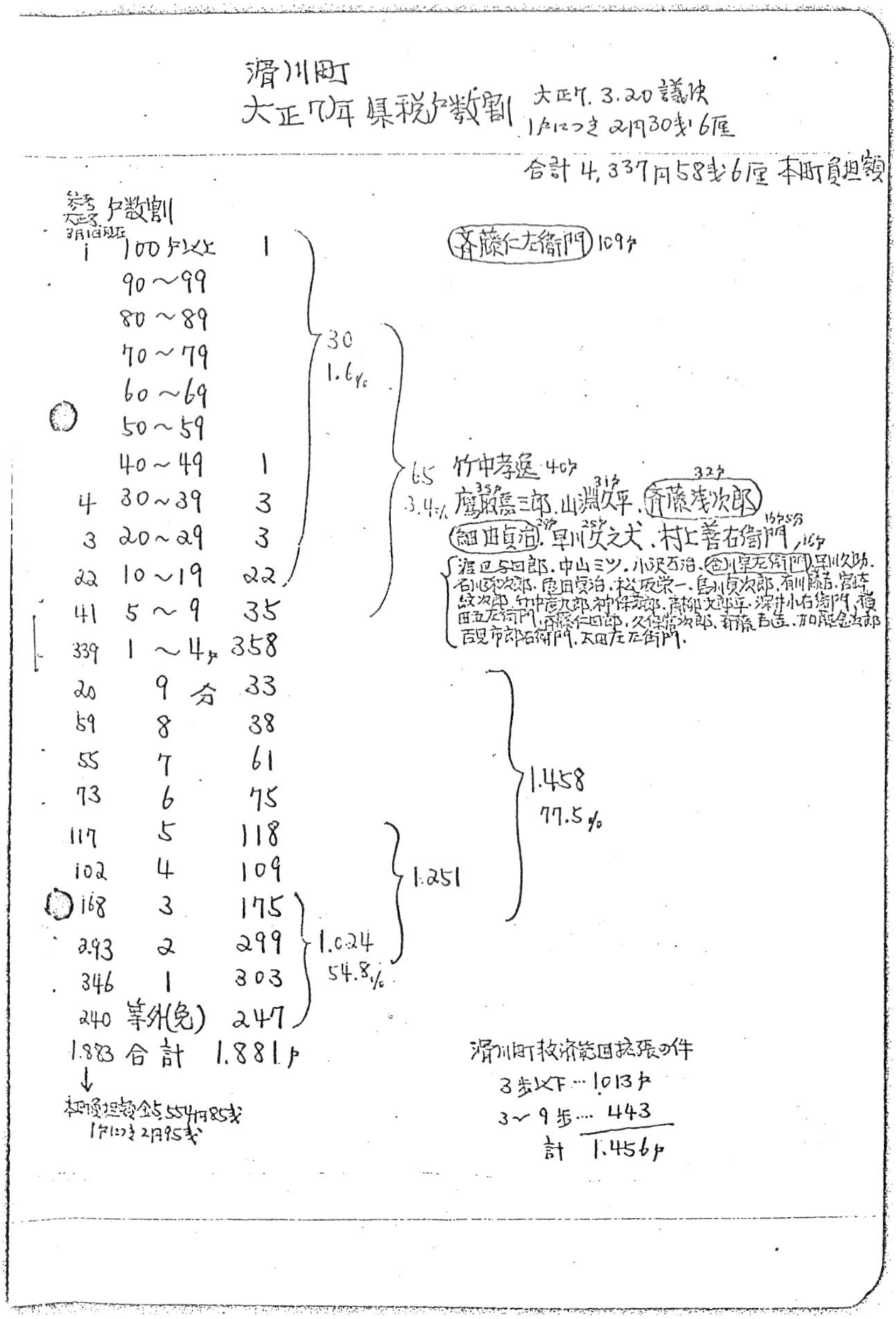

滑川町
大正7年 県税戸数割

大正7. 3. 20 議決
1戸につき 2円30銭6厘

合計 4,337円58銭6厘 本町負担額

参考 大正3 3月1日現在	戸数割	
1	100戸以上	1
	90～99	
	80～89	
	70～79	
	60～69	
	50～59	
	40～49	1
4	30～39	3
3	20～29	3
22	10～19	22
41	5～9	35
339	1～4戸	358
20	9分	33
59	8	38
55	7	61
73	6	75
117	5	118
102	4	109
168	3	175
293	2	299
346	1	303
240	等外(免)	247
1.883	合計	1.881戸

100戸以上～10～19：30　1.6%
30～39～5～9：65　3.4%
5～2：1.251
4～1：1.458　77.5%
3～等外(免)：1.024　54.8%

斉藤仁左衛門 109戸

竹中孝廷 40戸
鷹取嘉三郎 35戸、山淵久平 31戸、斉藤浅次郎 32戸
細田貞治 27戸、早川文之丈 25戸、村上善右衛門 17戸5分、16戸
渡辺与四郎．中山ミツ．小沢石治、金川宗左衛門、早川久助．石川和次郎．恩田貞治．松本栄一、島川貞次郎．有川勝吉．宮崎紋次郎．竹中彦九郎．神保喜四郎．高柳文平．深井小右衛門．横田五左衛門．斉藤仁四郎．久保常次郎、新藤吉造．加藤金次郎 吉見市郎右衛門．太田左左衛門．

↓
本町負担額金5,554円85銭
1戸につき 2円95銭

滑川町救済範囲拡張の件
3歩以下…1013戸
3～9歩…443
計 1.456戸

資料編

付・警察資料

＊資料中の旧字は新字にあらため、明らかな誤字は〔　〕で補った。

警察資料解説（富山県特高課資料）

ここに掲げるのは、富山県特高課編『所謂『越中米騒動』ニ関スル記録』（昭和十一年十月編纂）の全文である。以下、簡単な解説を加える。

富山県特高課長地方警視瓜生順良の「文献蒐集ノ辞」を約めると、富山県の米騒動関係文献は、昭和五（一九三〇）年富山県庁全焼の際焼失。「本職」着任後、蒐集を企図、各署を調査。その結果、滑川警察署が所持していた『米問題ニ関スル参考書』の中に、八月一二日付、富山県警察部長発、各庁府県警察部長宛「所謂「女一揆」ノ真想《ママ》ニ関スル件」と、八月下旬、富山県警察部長斉藤行三が県内の各新聞社・各機関などに書き送った「所謂「越中女一揆」ト新聞記事トノ関係ニ就テ」（八点の資料を含む）——以上のけっして少量ではない、重要な警察資料二点を「発見」「複写」。これを「第一」群とし、他に個人資料ながら、第二、特高課巡査部長和田豊次郎所持「越中女一揆（米騒動）」。第三、富山署巡査高橋勝治個人所持「本県ノ米騒動事件」を加えて、この記録集を編む、とある。

私情めくが、私がこの特高課資料を目にしたのは、つい最近のことである。実は、米騒動勃発地魚津市の熱心な米騒動研究家である中田尚氏から見せてもらった次第である。戦前警察関係に奉職していた人の遺品のなかから、それが発見され、遺族の方が処分するよりも世の中のために役立つならばと、知り合いの中田氏に託したという。なにしろ、それまでは、大原社会問題研究所米騒動関係資料のなかから、一つひとつ拾いあげるしかなく、しかもそれが付属資料の端くれであったとすれば、発見された全体資料がどれほど貴重であるか想像されるだろう。これまでの研究は危ない片翼飛行をしていたようなものだ。——近況によれば、これはつい最近魚津市立図書館に託されたという。よろこばしいことである。

さて、富山県特高課編『所謂『越中米騒動』ニ関スル記録』は、これからの女米騒動研究には欠かせない資料である。なかでも二つの公的警察資料は貴重である。第一点目の、大正七（一九一八）年八月一二日付、富山県警察部長発各庁府県警察部長殿宛、「所謂「女一揆」ノ真相ニ関スル件」は、けっして外部に洩らしてはならない、警察部内丸秘文書である。また同年八月下旬、富山県警察部長斉藤行三から、県下各新聞社、各機関等に配布された、第二点目の〔二〕「所謂「越中女一揆」ト新聞記事トノ関係ニ就テ」（付属資料八点を含む）は、資料が保管されるにはあまりにも多量であったため、ついにどこにも残されなかった（大原社会問題研究所の所持する下新川郡役所綴のなかに一部が辛うじて残るのみ）。このように、両資料は分量が過多なために失われるか、秘密の闇の中にあった。ちなみに、全国庁府県警察部長宛文書が富山県内でみつかったのは、参考のため、その写しが県内各警察官署長殿宛に送られてあって、その一通が保存期間満了後も滑川署で保管されてあったためである。

かくして、富山県特高課資料が再発見されるまでは、井上清・渡部徹編、京都大学人文科学研究所米騒動研究班の『米騒動の研究』ですらも、富山県下で配布され夥多ゆえに失われた資料が、往時の『北陸タイムス』が「謄写版美濃紙型二十四枚」であったと書き残していることから、わずかにその存在を知ることができたのみであった。

その価値は大ながら、特高課資料に欠陥がないわけではない。即ち、それが原物そのものではなく、原物の手写しであれば、そこに、当然ながら、分量、その他、精確度に、遺憾せん否定面がでてくる。現に、資料の一部に、重複部分の削除、組替、誤字等がみとめられる。写し手が複数である、微妙な手蹟や癖のちがいなどもある。けれども、原物そのものが発見されないかぎり、現在のところ、この特高資料がわれわれの求めうる最高の近似資料であることに変りがない。

ついでに、大原社会問題研究所保存『大正七年／米価暴騰ニ伴フ細民救済関係／下新川郡役所』綴中にある、以下の五点は原物であることを記しておこう。それゆえ、この五点箇所のみは、特高資料でなく、原物からとった。もう一つ蛇足を加えれば、この郡役所綴中の原物と特高課資料の同箇所とをつきあわせてみると、両資料の微妙な差異が発見できるだろう。特高資料には字句などに多少ながら手が加えられてあるから。（参考　魚津市教育委員会編集・発行、富山県特高課「所謂『越中米騒動』ニ関スル記録」）

大原社会問題研究所の原物とは、

〔二〕-一　富山県下ニ於ケル米ニ関スル紛擾沿革一覧表

〔二〕-二　明治四十五年米問題ニ関スル四新聞記事概要及批判一覧表

〔二〕-三　大正七年米ニ関スル哀願運動状況一覧表　自七月二十三日 至八月十九日

〔二〕-四　第四《ママ》、大正七年富山県下ノ所謂「米騒動」ニ関スル富山石川大阪ノ諸新聞記事一覧表

〔二〕-五　所謂「米騒動」ニ関スル新聞中特ニ注意ヲ要スル記事一覧表

なお、この富山県特高課資料は一度『いま、よみがえる米騒動』（新興出版社、一九八八年）中に、半ば覆刻された。カタカナをひらかなにして。

最後にもう一つ。〔二〕-三の下方に、勝手ながら私記欄を設けさせてもらったことを付記する。

（立花雄一）

昭和十一年十月編纂

所謂『越中米騒動』ニ関スル記録

富山県特高課

所謂越中米騒動ニ関スル
文献蒐集ノ辞

大正七年八月五日中新川郡東水橋町ニ於ケル婦女ノ「米ヲ運搬移出スルコトニ依リヨリ以上ニ米価暴騰スルニ付」ト阻止シタルヨリ端ヲ発シタル所謂「越中女揆《ママ》」米騒動ニ関スル文献ハ昭和五年三月六日ノ富山県庁全焼ト共ニ焼失シ其ノ記録灰燼ニ帰シタリ

本職特高課長トシテ着任后之ガ蒐集ヲ企図セシモ事件後満十八年ヲ経過シ各署ニ於ケル当時ノ文書モ保存期限満了シタル等ニテ棄却セシモノ大部分ナリ

依ツテ当時ノ取扱者並ニ関係署ヲ充分調査シタル処滑川警察署ニ於テ「米問題ニ関スル参考書」ヲ発見シタルヲ以テ昭和十一年十月九日之ヲ複写シ尚現任警察官所持ノ文献ヲモ輯録左記目次並ニ理由ヲ附シ編纂ス

昭和十一年十月二十八日

富山県特高課長
地方警視　瓜生　順良

記

第一

滑川警察署保存「米問題ニ関スル参考書」ノ分

一、大正七年八月十二日付高秘号外ヲ以テ富山県警察部長ヨリ各庁府県警察部長及各警察署長ニ送付セル【所謂「女一揆」ノ真相ニ関スル件】ノ公報写

本文中

「八月六日滑川町民ガ全町米商金川宗左ヱ門宅前ニ集合セシ一千名ノ群集中金川方庭内ニ押入リタル六、七十名中三十名ヲ滑川署ニテ取調タル結果告白シタル一部」

ハ　次項

「滑川町ニ於ケル激越不穏ノ言動者（十一名）陳述要旨」

ニ　記載シアルニ付省略ス

二、大正七年八月下浣　富山県警察部長

斉藤行三代著

「所謂「越中女一揆」ト新聞記事トノ関係ニ就テ」

ハ　前項公文ノ次ニ編纂シアリシハ文意ヨリ識者ノ研究資料トシテ頒布サレシモノ、如シ

目次

（第一）

米問題ニ関スル参考書

高秘号外

大正七年八月十二日

富山県警察部長

各警察官署長殿

別紙写ノ通各庁府県警察部長へ通報致置候条為参考一部及送付候也

資料〔一〕

所謂「女一揆」ノ真想《ママ》ニ関スル件

号外

大正七年八月十二日

富山県警察部長

各庁府県警察部長殿

所謂「女一揆」ノ真想《ママ》ニ関スル件

本県沿海ノ漁民ハ北海道樺太沿海州地方又ハ朝鮮方面ヘ出稼キ致シ居リ其ノ留守ニ於テ婦女子ガ常ニ一切ノ家事ヲ処理シ居ル実況ニテ納税其ノ他町村役場等ノ交渉モ多ク婦女子ガ直接スルヲ常態ト致居リ候故ニ生活難ニ付救助哀願ヲ試ムルニモ平常ノ慣行通婦女子ガ町村役場有志等ヲ訪問シタルハ決シテ今回ニ始マリタルニ非ラス近クハ明治四十五年六、七月米価騰貴ノ際モ亦魚津、東岩瀬、生地、滑川等ノ漁民婦女子ノ哀願運動有之当該郡又ハ町当局ハ夫々救済策ヲ講シタル事例有之趣当時ノ新聞ニモ其ノ跡ヲ止メ居リ候然ルニ其ノ当時ハ女ノ哀願ヲ左迄奇異ノ筆鋒ニテ紹介セサリシニ反シ（追書（二）参照アリ度）本年ハ或ハ女軍ノ暴動トカ女一揆トカ脅迫トカ衝突トカ女ナルカ故ニ又多衆ノ運動ナルカ故ニ特ニ一層舞文曲筆シ甚タシキニ至ツテハ事実無根ノ報導《ママ》ノマデ敢テスルノ風アルハ新聞記者ノ人格モ亦低下シタル哉ノ感ヲ深カラシムルモノニ有之候如斯新聞紙カ誇張不実ノ報導ヲ為シ婦女子ノ哀願運動ヲ煽動シ且人心ヲ亢奮セシメタルヲ以テ県下ノ各新聞社ニ対シテハ数回警告ヲ加ヘタルモ反省セサリシハ這般ノ問題ヲシテ一層

紛更セシムル嬐《ママ》甚タシキモノ有之候次第ニ御座候

一、真ニ日常ノ糊口ヲ凌キ難キ戸数（八月六日迄ノ調査ニ依ル）

下新川郡泊町（約七十戸）生地町（約三十五戸）魚津町（約八十戸内二十五戸ハ公費ニテ従来救助中ノモノ）

中新川郡滑川町（大約二百二十五戸）東水橋町（約九十四戸）

西水橋町（約四十五戸）

上新川郡東岩瀬町（約三十二戸）

婦負郡四方町（約二十戸）

而シテ是等細民ノ主ナル者ハ目下北海道へ出稼シ中ニハ家族ニ更ラニ送金セサル向モ少カラス又郷里ニ稼キ居ル婦女子ハ夏季一日最少収支二、三十銭位ニ過キサル者アリ而シテ毎年夏季ニ至レハ不漁ナルヲ例トスルニ拘ハラス其ノ婦女子ノ多クハ依然トシテ働カス副業ヲ奨励スルモ懶怠ニシテ之ヲ為ササル者アリ従テ物価騰貴ノ今日彼等ガ生活難ニ陥ルハ亦当然ノ次第ニシテ彼等ハ目下外国米ノ粥ヲ作リ中ニハ一日一回又ハ二回ノミノ食事ニ止ムル向アリ

二、騒擾ノ程度

以上ノ沿海各町ハ何レモ漁民婦女子ガ哀願運動ノ起リタル箇所ナリシガ如何程頑迷ニテモ根ガ女子ナル故暴行トカ脅迫トカノ行為毫モナカリシハ勿論面談者又ハ警察官吏ノ説諭アレバ案外何レモ従順ニ退去スルヲ例ト致シ何レモ騒擾ノ程度ニ達セス唯例ヘハ寺参リノ際ノ雑沓ニ類シタル如キ混雑アリシノミニ有之候然ルニ右各町中独リ滑川町ノミハ変調ヲ来スノ兆候有之一時掛念致候処鋭意取締ヲ厳密ニシ（一ハ警察官吏ヲシテ可成人民ノ反抗心ヲ挑発セシメサル様ノ言辞動作ニ出ラシメ一ハ可成「ツマラヌカラ帰ヘル様」ト申シテ無意味ノ集合ヲ解カシムル等）タル結果幸ヒ事ナキヲ得今ハ愁眉ヲ啓キ居候

実ハ同町ハ元来他地方ニ比シ感激性ノ人物誠ニ多キ町トシテ定評アル箇所ニ有之小理屈ヲナラベ主義的研究ナ

ドニモ趣味ヲ有スル者モ有之又好奇心ニ富ム連中甚ダ多キ処ニ有之候処八月五日東西水橋町及滑川町ノ哀願事情ニ関シ諸新聞ハ翌六日ニ至リ甚タシキ誇張ノ記事ヲ以テ如何ニモ大騒擾事件勃発シタルカノ如紹介シタルヨリ滑川町民中此ノ記事ニ感激シタルニヤ同町米商金川宗左ヱ門宅前ニ寄リモ寄リタリ約一千名群衆シタルガ之レ決シテ婦女子ヤ窮民ノミニ非ラス寧ロ其ノ九割ハ相当生活ヲ営ム壮者（男）ニ有之候彼等敢テ暴行脅迫ト云フ迄ノ所為ニハ出テサルモ強談威迫等ノ所為アリシ為金川方庭内ニ押入リタル六、七十名中三十名ヲ滑川署ヘ召喚尋問シタル結果其ノ告白シタルモノヽ一部ヲ御参考迄ニ左ニ列記致候ニ付之ニ依ツテ新聞ガ滑川町ノ所謂女一揆トシテ吹聴シタルモノノ真想御推断相願度候滑川町役場ニ於テモ細民救済策実行セラル、コト、為リ一面警察取締厳重ナル為流石事ヲ好ム滑川壮者連モ今ハ平静ニ帰シ申シ候変調ノ兆アル滑川町スラ既ニ静謐トナリタル以上警告ヲ密ニシ警戒ヲ厳ニシタル他ノ地方ハ何トテ暴行等ノ起ルヘキ唯郡市又ハ町当局等ニ於テ未ダ救済策確定セサル地方ニハ時ニ婦女子ノ哀願ハ有之候モ暴徒ヤ一揆ハ当初ヨリ皆無ノ状態ニ御座候

三、新聞記事ニ関スル事項

本県下沿海地方ニ於ケル細民ノ生活状態及米価騰貴ニ伴フ喧噪ノ程度ハ前記ノ通ニシテ別段ノ事ナキ実況ナルニ各新聞紙（東京、大阪方面ノ大新聞マデ）ハ或ハ一揆暴動起ル或ハ脅迫威圧或ハ「郡書記ヲ袋叩ニシテ河中ニ投シタリ」トカ「滑川町民ガ警官ヲ下駄ニテ殴打シタリ」トカ全然無稽ノ記事及「騒擾罪ノ目安ニテ引致シタリ」トカ「被告ノ奪還ヲ試ムヘク警察署ヲ包囲シタリ」トカ不実又ハ誇大モ甚タシキ記事（其ノ真想ハ左記ノ通）ヲ連載シ一犬虚ヲ吠エ万犬之ヲ実トシテ伝フル体ノ関係ヲ生シ世人ヲシテ恰モ富山県ハ一揆殊ニ女一揆ノ本場カノ如キ感ヲ起サシメタルノミナラズ他府県ノ人心ニモ一種ノ感染ヲ見ルニ至レルハ真ニ遺憾至極ニ御座候而シテ新聞記事如何ニ事実ヲ伝フルモ其ノ真想ハ決シテ暴動ニテモ一揆ニテモ無之従ツテ群衆ヘ《ママ》滑川町等ニ有之候ヘトモ元ヨリ単純ナル群衆ニ不過シテ首魁、指揮者之ガ助勢者トシテ認ムベキ者無之又為ニ一人ノ負傷

者モ無之候（唯六日夜金川宅前ニ約千人ノ群衆アリシトキ金川宅ノ障子ノ硝子一枚破損シタル事実アルノミ）又官憲ニ対スル殺気トカ反抗心トカ云フモノモ無之実況ニ了リ中候

記

八月五日上新川郡新庄町ヨリ中新川郡滑川町へ送附スヘキ玄米ヲ積載シタル荷車ガ東水橋町ヲ通行シタルニ折柄同町ノ哀願婦女ノ目ニ入ルヤ「其ノ米ヲヨソ（他地方ノコト）ヘヤレヌ、米ヲヨソヘ出セバ値ガ上ルカラ」ト称シ該荷車ノ運行ヲ阻止シツツアル所ヲ認メタル私服巡査（滑川署ノ島地刑事）ハ右ノ婦女ニ対シ不心得ヲ説諭スル間ニ蝟集シ来レル男達（約十名）ハ刑事ニ向ヒ「お前ハ何奴ジヤ、ナニ刑事モ何モアルモノカ」トテ同刑事ガ其ノ公職ニ在ル者ナルコト及之ガ職務執行ヲ妨害スレバ犯罪者トナルコトアルヘキコト、自分ハ決シテ手出セザルヘキニ付何レモ暴行スヘカラサルコト等ヲ力説スト雖殆ント狂乱セル彼等ハ勢ニ乗シ同刑事ニ殺倒シ其ノ衣服ヲ破レル者甚シキハ其ノ面部ヲ拳ニテ殴打シタル者等ノ現行犯人ヲ出シタルニ付即日三名及翌日共犯者二名参考人四名ヲ滑川警察署ニ引致シ公務執行妨害罪及傷害罪ノ目安ニテ取調ヲ了シ被告ハ夫々一旦宅控セシメ（五、六両日滑川町ハ変調ヲ帯ビ来リ尚継続スルノ虞アリテ警察署モ取込中ナル為）事件ハ追テ送致スル見込ノ処ヘ六日ノ午后ニ至リ水橋町民（有志ヲモ含ム）約二百名ハ態々約一里ノ距離アル滑川署前ヘ集合シ該犯人ヲ引渡サレ度旨嘆願シタルニ付署長ハ之ト会見シ現行犯ノ性質及犯罪ヲ曲庇スルコトモアラバ之レ甚ダシキ不心得ナルノミナラズ時ニ刑辟ニ触ルルコトアルヘキ所為ナルコト等ヲ充分説諭訓戒シタル後彼等ノ嘆願切ニシテ止マサルノ機ヲ見該犯人ニ同様ノ暴行ヲ再演セシメサルハ勿論来集者一同モ亦決シテ騒擾ケ間敷行為ヲ為ササルヘキ旨ヲ宣誓セシメタル後宅控ノ意味ヲ説明シテ該犯人ヲ一同ニ引渡シタリ

此ノ処置ト東水橋町役場ノ救済策実行（七日ヨリ）ト相俟ツテ同町（及西水橋町マテ）方面ハ全ク鎮静シタリ然ルニ此ノ事件ハ新聞記事ニ依リ最訛伝誤報セラレタルハ重々遺憾ナリ

先ハ本県下ニ起レル『女一揆』ノ真想御紹介ニ及候匆々

追テ

(一) 富山市ヲ除クノ外即チ沿海各町ノ哀願ハ皆夜間ニ行ハレタルノ一事ハ決シテ看過スヘカラサル義ト存候彼等ノ多クハ日中営々収入ヲ得ヘク何等カノ労役ニ従事スルカ故ニ夜ニ入ラサレバ哀願スルヲ得ザル義ニ有之候此ノ種哀願従事ノ女子以外ニ真ニ受救助者有之現ニ魚津町ニテハ二十戸モ公費救助中ナルガ之等ハ哀願運動スルノ余裕モナキ程貧窮致シ居リ真ニ憐ムヘキ状態ニ陥リ居候之ニ比スレバ今回ノ哀願運動婦女子連ハ稍々余裕アル者共ニ有之候

(二) 明治四十五年ノ新聞記事ノ要旨

(1) 仝年六月廿三日発行北陸タイムス紙ニ「生活難ノ聲老幼役場ヲ襲フ」ト題シテ曰ク去ル二十一日午後三時頃東岩瀬町役場ヘ老幼ノ子女相前後シテ百有余名群ヲ為シテ襲ヒ米価騰貴ノ為メ生活困難到底助カラサレハ適当ノ救済方ヲ願ヘ度トテ一時ハ人ノ黒山ヲ為シ町長ハ懇諭シテ帰ラシメタル処富豪者ノ前ヲ行列シ示威運動ヲ試ミタリ云々

(2) 仝年六月二十六日発行仝新聞記事ニ「貧民馬場ヲ襲フ」ト題シ昨夜（廿四日）俄カニ貧民カ何処トナク一隊ヲ為シ馬場家ヲ襲ヒ嘆願セシカ最初ハ主人不在ノ由ヲ以テ体良ク返サントセシモ形勢不穏ノ態度ヲ示セルヲ以テ警察分署ヘ此由急報セシカハ忽チ逃ケ失セタリ之等ニ関シテハ分署ハ目下取調中ナリ云々

（此ノ時ハ上等白米一升ニ付弐拾六銭五厘、二等弐拾六銭、三等弐拾五銭五厘）

(3) 仝年六月廿八日発行同新聞紙ニ「細民山沢ヲ襲フ」ト題シテ曰ク一昨夜七時頃魚津町下町附近ノ細民中婦女隊ヲ為シ同町荒町白米商追分九郎兵衛方ヘ押シカケ分ケノ判ラヌノ《ママ》ト異口同音ニ騒キ主人ノ説

得ニ今度ハ同町大町ナル富豪山沢長九郎方へ押シ行キ女乍ラモ罷リ違ヘハ買占メ方ノ山沢ニ喰へ附イテナリ共本懐遂ケントゾロ〳〵道中スルヲ急報ニ依リタル警吏ハ島地刑事ヲ真先ニ走ラシメ諭シ漸クニシテ解散セシメタルカ何時異変アルモ知レスト警察ハ警戒中云々

(4) 同年六月廿九日発行仝新聞紙ニ「生活難テ死物狂ヒ魚津ノ婦女群二百余名」ト題シテ曰ク一昨廿七日午后二時頃魚津町上下猟師町細民ノ婦女小児ノ一団二百余名ハ前夜警官ニ諭戒セラレテ解散セシニモ拘ラス数隊ニ岐レテ出没シ海岸ニ至リテ伏木方面ヨリ来航スヘキ倉庫米ヲ搭載シ去ルカラ警戒シ一方町内ノ貯蔵家へ押シカケ生活難ヲ訴へ哀願スルヤラ死者狂ニ役場ニ突入スル杯一揆騒動ノ如ク雑沓シタルモ警官ノ慰撫ニテ一先静マリタリ云々

(5) 同年六月三十日発行仝新聞紙ニ「生活〔地〕ノ細民群富豪ヲ襲へ暴行セントス」ト題シテ曰ク去ル廿三日以来数百名ノ細民婦女隊ヲ為シテ連日連夜各町内ノ富豪家ヲ襲フテ其ノ窮状ヲ訴へ或ハ漆間永作等ノ米穀仲買商人ノ宅ヲ襲フモノ理非ノ判ラサル愚昧ナル細民ハ輸出米ノ中止ヲ哀願シテ要求ヲ容レサレハ不穏ノ行動ヲ為サントシ警察官ハ出動シテ警戒諭示解散セシメタリ

(6) 仝年七月一日発行富山日報ニ「滑川ノ細民　二百期米商ヲ襲フ大事ニ至ラスシテ止ム」ト　題シテ曰ク東岩瀬町ノ細民隊ヲ為シテ富豪ノ宅ヲ襲ヒ又近ク生地町ニ於テモ不穏ノ行動アリテ人心恟々タル一昨夜十時頃滑川町浜町ノ漁夫ノ子女約二百名ハ同町河南神社境内ニ集合シ昨今ノ如ク米価ノ騰貴スルハ期米商人ガ徒ラニ買ヒ締メテ之ヲ他国へ移出スル結果ナリトテ直ニ勢揃ヲ為シテ仝町期米商金川宗左ヱ門方ヲ襲へ将ニ大事ニ至ラントセルカ目下同町有志間ニテハ細民救助ノ為メ種々善后策ニ付キ講究中ナレバトテ諭示スルモノアリ十二時頃漸ク解散シテ無事ナルヲ得タリ云々

資料〔三〕

所謂「越中女一揆」ト新聞記事トノ関係ニ就テ

所謂「越中女一揆」ト新聞記事トノ関係ニ就テ

米ニ関スル紛擾ハ八月九日乃至同月二十日迄ニハ、三府二十五県（註一）ニ瀰漫シタリト報セラル、カ世人往々ニシテ其ノ近因ハ越中滑川ノ女一揆ニ在リト信スルモノ、如シ

（註）京都（十日　十二日　十三日　十五日　十九日）大阪（十一日　十三日　十四日　十八日）東京（十二日　十三日　十四日　十七日）ノ三府ノ外二十五県トハ　和歌山（九日　十日　十二日　十三日　十四日　十五日　十七日）愛知（九日　十二日　十四日）広島（九日　十一日　十二日　十四日）岡山（十日　十一日　十二日　十三日　十四日）兵庫（十二日　十四日）奈良（十二日　十四日）三重（十二日　十四日　十五日）静岡（十二日　十四日　十五日）石川（十二日）滋賀（十三日）岐阜（十三日　十四日　十五日　十八日）福島（十三日　十四日　十五日　十六日　十七日　十八日）福井（十三日）山口（十三日　十六日　十七日）大分（十五日）愛媛（十四日　十五日）香川（十四日）山梨（十五日）宮城（十五日　十六日）高知（十五日）福岡（十六日　十七日）新潟（十七日）長野（十七日）宮崎（十七日）神奈川（十五日　十六日）之レナリ

抑モ「一揆」トハ何ゾ民衆ガ何者ニカニ対シ反抗的態度ヲ持シテ殺到シ甚タシキハ暴行脅迫スルニ至ルノ状態ヲ総称スル義ナルベシ当初ハ仮令穏健ナル目的即チ哀訴歎願ノ為集合シタリトスルモ其ノ群集心理ニ対シ何等カノ刺激アレバ忽チ恐ルヘキ暴動ヲ敢テスルニ至ルノ理ナリ而シテ我ガ富山県下ニ於テ米ニ関シ婦女等ノ哀訴歎願運動アリシニ止マリ重ニ富豪ニ対シテモ自治（或ハ官治）当局ニ対シテモ反抗的態度況ンヤ暴行脅迫ノ挙ニ出テタルモノアラサリシナリ換言スレバ富山県下ニハ本年其ノ事ナカリシニ不拘世人ヲシテ「越中女一揆」ヲ事実ト信セシメ又他府県ニ真ノ一揆暴動ヲ実現セシムルニ至リタル所以ノモノ蓋シ由来スル処少カラズト信ズルナリ

富山湾沿海漁民婦女ノ哀願運動発生シタル原因ヲ探究スルニ米価騰貴ト収入杜絶トニ在リタルヤ論ナシ（註二）ト雖モ而カモ所謂「鍋破月（註三）」ニ入ラントシ自治当局ノ未ダ之ガ救済策ヲ講セザルニ先ンジ婦女ノ哀願運動起ルニ

至ルヤ忽チニシテ之ヲ「女一揆」トシテ世間ニ流布シタルモノハ新聞記事ニアラズシテ何ゾ乃チ新聞記事ガ其ノ読者ノ心理ヲ煽動挑発スル関係ヲ研究スルハ無用ノ業ニアラサルベシ

（註二）七月二十四日　北陸タイムス「下新川郡魚津町民ハ主ニ漁ヲ以テ生命ヲ繋キ居ル者ナルガ此ノ頃ハ漁ノ切レ目デ左程収入ガナク又一方出稼ノ主人及家族ヨリモ送金ガナイノデ留守宅ノ妻子等ハ物価騰貴ノ影響ヲ受ケ云々

八月四日　高岡新報「中新川郡西水橋町ハ全町ノ大部分ハ出稼漁業ヲ以テ生計ヲ立テツヽアルガ漁夫ノ出稼先ナル樺太方面ハ非常ノ不漁ニシテ仕送金全ク杜絶ニ反ツテ皈路ノ旅金サヘナク留守居ノ家族ニ向ケ送金ヲ申込ミ来ル有様ナルヨリ昨今ノ米価暴騰ニテ家族ハ生活ノ困難甚タシク云々

（註三）夏ノ期即チ七、八月ハ漁獲少ナキ為沿海漁民ハ生活上実際困難ニ陥ルヲ例トス此ノ地方ニテハ「八月」ヲバ「鍋破月」ト称スルノ俗習アリ　其ノ意ハ収穫ナク空鍋ヲ掛クル故ニ鍋モ破ルヽコトアル月ナリトノ意ナリ換言スレハ生活難ニ入ル月ト言フ心ナリ

茲ニ於テカ富山県下ノ日刊四新聞　石川県下ノ北国新聞及大阪府下ノ二大新聞（大阪毎日　大阪朝日）ノ所謂「越中米騒動」ニ関スル記事ヲ検スルニ「女一揆」トシテ報導ヲ試ミタル急先鋒ハ北陸タイムス（左記第五表七月二十五日ノ部参照）ナリ　又水橋滑川ノ哀願運動（八月四、五日ヨリノ事柄）ヲ他府県ニ対シ極力報導シタル高岡電話（又ハ高岡来電）ナルモノヽ正体ハ何レニアリヤ八月二十日発行ノ高岡新報（越中窮民ノ為サシメタル記者大会ノ決議）ナル記事（左記第八）ノ証明スル通此ノ正体ハ区々タル高岡新報社内ノ各通信員ニアラズシテ井上主筆其ノ人ナルコトハ何人モ首肯スル処ナルベシ然ラバ即チ石川及大阪地方ヘノ誇張的且煽動的通信ノ責任ハ同主筆ニ於テ之ヲ負フヘキモノト信ズ。

今日ヨリ之ヲ追想スレバ米ニ関スル哀願運動状況ニ就キテノ新聞記事ガ世人ヲ誤解セシメ煽動且挑発セシメタリト認ムベキ事実少ナカラサルナリ㈠北陸政報ガ七月二十三日ニ（二百ノ細民市役所ニ押掛ク《ママ》、浅田家ノ施米ニ洩レタル連中《ママ》、之モ米高ノ生活難ユヱ）（別紙富山市ノ部一頁参照）ト題シ誇張的ニ紹介シタル記事ハ沿海細民ノ哀願運動気分ヲ唆ルコ

トナカリシカ㈡八月七日滑川町米商金川宗左衛門宅前六七百人ノ群集中ヨリ同町居住建具職中嶋與一郎現ハレ「魚津テモ竹槍ヲ持ツテ云々ト言フカラ君等モ竹槍ヲ持ツテ出テ勝手ニスルガヨイ」ト大声疾呼シタル事実アリタルガ（左記第七不穏言動者陳述要旨参照）魚津町ノ婦女哀願運動ヲ報導シタル北陸タイムス（一揆米屋ヲ襲フ）云々（左記第五表七月二十五日ノ部参照）ト題スル記事中ノ（竹槍ヲ以テ突殺スカラ左様心得ヨ）云々ノ字句ハ右ノ暴言ト関係ナシトハ信シ難カルヘシ㈢八月十一日午前一時四十分（俗二十日ノ晩而モ真夜中）金沢市ノ米穀取引所ヲ襲フヘク群衆ヲ集メントノ目的ヨリ附近ノ警鐘ヲ乱打シタル痴漢堀内治三郎ハ当日ノ朝発行ノ北国新聞（滑川ノ一揆再燃）（左記第五表八月十日ノ部参照）ト題スル煽動的記事中（西屋川附近ノ寺ノ鐘響キシ時ハ金川宗左ヱ門方ヲ襲フヘシ）云々ナル字句ニ挑発セラレズンバ幸ナリ（以下例示スルコトヲ略ス）

富山県下ノ米ニ関スル哀願運動概況ハ左記第三表ノ通リナルガ同一事実モ新聞記者ノ異ナルニ従ツテ或ハ穏健ニ或ハ過激ニ報導セラル、コト別紙各頁殊ニ「左記第五ノ注意記事一覧表」之レヲ証ス一例ヲ示サンカ即チ八月十二日井上知事ハ四新聞記者（富山日報　北陸タイムス　北陸政報及高岡新報ノ所謂県政記者）ニ対シ注意ヲ促シ警告ヲ加ヘタル事項、《ママ》㈠「在米不足」トノ不安ヲ起サシメサル様セラルヘキコト　㈡「一揆」「暴動」等ノ事実アラサルニ不拘尚如斯誇張的且煽動的記事ヲ掲ケザルコトノ二点ニアリシ処之ニ関スル記事（知事談云々）ハ各社間著シク相違シタルモノアリ（別紙一般ノ部一五頁参照）　高岡新報記事ノ如キハ㈡ノ警告ニ付テハ一言モ及バサリシナリ

厳正且公平ニ検閲シ来レバ本件ニ関スル諸新聞ノ態度悉ク差異アリ　乃チ㈠富山日報ハ概ネ筆ヲ慎ミテ穏健ノ報導ニ努メ官憲ノ注意警告ノ有無ニ拘ラス無益有害ノ報導ヲ避ケントシタル蹟歴然タルニ反シ高岡新報ハ本件ニ接シテ亢奮熱狂シタリケン　他新聞ヨリハ後レテ八月四日ニ至リ俄然猛烈ナル態度ヲ示シ自社ハ勿論石川大阪等ノ方面ヘマデ頗ル過激ナル句調ヲ以テ誇張的煽動的報導ヲ為スニ努力シ以テ自ラ快ナリトシ又官憲ノ注意警告ヲ蔑シ得タリト為スヲ得意トスル風アリシヲ認ム㈡北陸政報ハ動モスレバ脱線セントスルコトアルモ官憲ノ注意警告ハ□ク之ヲ容ル、ノ風

アルニ反シ北陸タイムスニ至ツテハ事ヲ好ムコト甚ダシク官憲ノ注意警告其ノ度ヲ重ヌレバ益々之ニ拮抗シテ舞文曲筆スルノ度ヲ加フルノ態度ニ出テタリト認メザルヲ得ザリシヲ遺憾トス㈢大阪毎日新聞及北国新聞ハ徹頭徹尾高岡新報社ノ通信員否其ノ背后ニ潜ム一種ノ思想家ニ誤ラレテ誇張無稽且煽動的ノ有害記事ヲ以テ報導シタリシニ反シ　大阪朝日新聞ハ当初コソ高岡新報社ノ通信員ニ誤ラレ有害記事ヲ掲ゲタルモ一ト度本社ヨリ記者五十嵐太十郎ヲ滑川方面ヘ特派スルニ及ンデハ事実ノ真相ヲ報シテ敢テ事端ノ発生ヲ好マス況ンヤ故ラニ舞文曲筆シテ世人ヲ錯誤セシメ又群衆心理ヲ挑発煽動シテ庶民ヲ馳ツテ暴徒ト化セシムルガ如キ態度ナカリシハ流石ニ敬スヘク又国家ノ為メ将又県郡町村ノ為慶スヘキ義ト信スルト共ニ右特派ノ後レタリシヲ惜ムモノナリ

試ミニ過去ノ事蹟ヲ温ネンカ　左記第一沿革一覧表ノ示スガ如ク富山県下ニモ或ル時ハ戦慄スヘキ暴状ヲ出現シ又或ル時ハ単ニ婦女子ノ哀願運動ニ止リタルコト今回ト同様ナル場合アリシナリ、然リ而シテ近ク明治四十五年ニ於ケル富山県下日刊四新聞ノ報導筆勢ヲ検スレバ左記第二表ノ示ス通リ概シテ訓導慰撫的ナリシニ反シ本年ノ筆勢ハ煽動挑発的ノ特色ヲ著シク発揮シタルノ傾向ニ付テハ識者ハ最モ注目研究ニ値スヘシト信ズ

我カ富山県ノ安寧ハ新聞記事ノ如何ニ不拘事実上静謐ニ今日マデ維持セラレタル其ノ大原因ハ信仰ノ力カ将他ニ何物カ作用シタリシカ此ノ研究ハ暫クハ之ヲ措キ畢竟富山県人自身ガ其ノ自制力ヲ発揮シタル結果ナリト認メ真ニ同慶至極ノ感ニ堪ヘザルト同時ニ一方虚構、有害ナル新聞記事ハ世人ノ多クヲシテ「越中女一揆」ナル無稽ノ事実ヲ誤信セシメ且他府県ニ米ニ関聯スル真実ノ一揆騒擾ヲ激成セシムルノ因ヲ成シタルハ実ニ痛恨ニ堪ヘサルナリ

所謂「越中女一揆」ト新聞記事トノ関係及群衆心理ニ及ホス新聞記事ノ影響ニ就テ為政者並操觚業者ハ勿論広ク識者ノ研究ノ資料ニ供センガ為特ニ左記一覧表ヲ調査シ添付シタリ

一読ノ栄ヲ賜ラハ幸甚

大正七年八月下浣　　富山県警察部長　斉藤行三

記

一、富山県下ニ於ケル米ニ関スル紛擾沿革一覧表
二、明治四十五年米問題ニ対《ママ》スル四新聞ノ記《ママ》事概要及批判一覧表
三、大正七年米ニ関スル哀願運動状況一覧表
四、大正七年富山県下ノ所謂「米騒動」ニ関スル富山石川大阪ノ諸新聞記事一覧表
五、所謂「米騒動」ニ関スル新聞中特ニ注意ヲ要スル記事一覧表
六、関係諸新聞差押一覧表
七、滑川町ニ於ケル激越不穏ノ言動者（十一名）ノ陳述要旨
八、高岡新報社主筆ノ本件ニ関スル思想

以　上

資料（二）—一　富山県下ニ於ケル米ニ関スル紛擾沿革一覧表

富山県下ニ於ケル米ニ関スル紛擾沿革一覧表　　富山県警察部調

年月日	郡市名	原因	状況	集団人員	結果
明治二年二月頃	東砺波郡	凶作	一、高瀬村民ハ同村ノ富豪武部和尚方ヘ至リ親作ニ納ムヘキ年貢米ノ減額ヲ迫リタルモノ 二、出町ニ於テモ一部ノ細民生活難ヲ訴フルモノアリタリ	一、細民男子約二百名集団トナル 二、男女別及集団人員数不詳	一、単ニ哀願ニ止マリ不穏ノ状ナクシテ終ル 二、不穏ノ状ナカリシモ粥ノ焚出ヲ為シテ救助セリ
仝二年八月頃	西砺波郡	凶作	太美山村ヨリ男女混合シテ一団トナリ福光町及其ノ附近村落ノ富豪ヲ訪ヒ生活難ヲ訴ヒ哀願ス	男女約数十名一団トナル	有志者ヨリ粥等ノ救助ヲ受ケ不穏ノ状ナクシテ止ム
仝二年十月頃	中新川郡 下新川郡	凶作ノ為メ米価暴騰	塚越村ノ百姓忠次郎ナル者首謀トナリ百姓一揆ヲ起シ富豪家ヲ襲ヒ漸次下新川郡ニ至リ乱暴ヲ極メ無警察ノ状態トナレリ	最初男子約三十名位ノ処次第ニ増加シテ数千人ノ集団トナリ両郡ニ亘リ横行ス	大属山本又九郎ハ舟路境ニ至リ同地駐屯ノ卒族ヲ指揮シ数十人ヲ斃シ□村ニテ首領忠次郎ヲ捕ヘ茲ニ漸ク鎮静セリ
仝三年八月頃	西砺波郡	前年度ハ凶作ナリシ為メ	一、戸出町ニ於テハ饑餓ニ迫マル者続出シ富豪ニ対シテ哀願ス 二、東五位村ニ於テハ「十村役」ヘ押寄セ救助方ヲ嘆願ス	一、細民男子十数名集団トナル 二、男子約二百余名集団トナル	何レモ不穏ニ至ラスシテ止ム

年月日	郡市名	原因	状況	集団人員	結果
明治八年	下新川郡	米価騰貴ニ加ヘ輸出米ヲ阻止セムトス	魚津町ニテハ浜辺ニ至リ輸出セムトスル米倉庫ニ押寄ス	細民ノ婦女数百名	警察官吏ノ命ニ従ヒ解散シ戸長役場ノ救助ニテ止ム
	中新川郡	米価騰貴	上市町ニ於テハ富豪家ニ押寄セ米商ニ対シテ乱暴ヲ為シ家具等ヲ損壊セラレタルモノ二三戸ヲ出シタリ	細民婦女約四、五百名集団トナル	火消組出デテ鎮撫シ且ツ篤志家ノ救助ニテ止ム
	婦負郡	米価騰貴シ細民饑餓ニ迫マル	四方町ニテハ富豪及米商ヲ襲ヒ救助方ヲ強要シ家屋等ヲ破壊シ暴挙ヲ極ム	男女別及集団人員不詳	戸長役場ニ於テ粥ノ焚出ヲ為シタルニ依リ鎮静セリ
仝九年	下新川郡	悪作ノ結果米価暴騰生活難ノ為メ	生地町富豪ヘ押寄セ救助方哀願シタルモ不穏ノ行動ナシ	細民ノ婦女五、六百名	有志者ノ救助ニテ平穏トナル
仝十年	中新川郡	西南戦役后ノ米価騰貴	水橋町ニ於テハ明治二年ノ一揆ニ恐レ細民ノ騒擾ヲ起スヲ予見シ救助ニ着手ス	細民ノ集合ヲ見ス	救助シタル為メ事ナクシテ止ム
仝十三、四年	下新川郡	泊地方ハ兇作ナル為米価騰貴ニ付輸出米ヲ阻止セムトス	横山村米倉庫ヘ在倉米ヲ輸出セサル様トテ示威的運動ヲ為セルモ不穏ノ状況ナシ	泊、宮崎、境、五ヶ庄ノ漁民婦女数百名	救助ニ至ラスシテ止ム
仝十三年	射水郡	米価騰貴	新湊町細民ハ生活難ヲ訴ヒ米商人及富豪ヲ訪ヒ救助方ヲ嘆願シ不穏ノ状ナシ	細民男子数十名	町有志ハ寄附金募集シ粥ノ焚出等ヲ為シ平穏裡ニ止ム

仝十八年	下新川郡	米価騰貴	泊町細民ハ町役場及資産家ヘ救助方ヲ嘆願シ不穏ノコトナシ	細民ノ婦女三四十名ノ集団	有志者ノ寄附ニ依リ役場ハ幾分ノ救助ヲ為シテ止ム
仝廿一年	婦負郡	米価騰貴	四方町細民ハ生活難ヲ訴ヒ資産家ヘ救助方ヲ哀願シタルモ不穏ノコトナシ	男女別及集団人員不詳	役場ニ於テ粥ノ焚出ヲ為シ平穏ニテ鎮静セリ
仝廿二年	富山市	米価騰貴	東仲間町ノ細民ハ生活難ヲ訴ヒ柳町ノ主ナル富豪者ヘ救助方ヲ迫リタルモ不穏ノ状ナシ	細民男子百余名ノ一団	市当局ハ西本願寺境内ニ於テ焚出米ヲ為シ以テ鎮静セリ
明治廿三年	富山市	米価並ニ諸物価騰貴	星井町ノ細民ハ市内東仲間町外九ヶ町ノ細民ト共ニ隊ヲ為シ竪町並木清三郎方ヘ押寄セ救助方ヲ要請シ形勢不穏トナレリ	細民男女混合シテ六百余名ノ一団	富山署長ハ部下ト共ニ現場ニ至リ解散ノ命ヲ下シ市ハ救助シテ漸ク平穏トナレリ
	上新川郡	米価其ノ他諸物価騰貴	東岩瀬町ノ細民ハ生活難ヲ訴ヒ馬場道久方ヘ至リ救助方嘆願シタルニ直ニ応セサルノ故ヲ以テ戸障子其他ノ物件ヲ破壊シ形勢不穏ナリキ	細民ノ男女混合三、四百人ノ一団	警察当局ハ町ト協議シ粥ノ焚出ヲ為サシメタル結果平穏トナレリ
	中新川郡	米価騰貴	東西両水橋町ニ於テハ細民ハ生活難ヲ訴ヒ町役場及町有志ニ救助方ヲ嘆願シタルモ暴挙ニ至ラサリキ	細民ノ男女混合約百名ノ一体《ママ》	町当局ノ救助ニテ鎮静セリ
	下新川郡	悪作ニ伴フ米価騰貴	魚津町細民ハ米価ノ騰貴ハ地方米ヲ輸出セシ為メ益々騰貴スルトテ浜辺ニ至リ輸出ヲ阻止セムト徘徊セリ	細民ノ婦女百余名集団	警察官署ニ於テハ群衆ヲ解散セシメ町有志ト謀リ救助ノ途ヲ講セシニ依リ鎮静セリ

年月日	郡市名	原因	状況	集団人員	結果
明治廿三年	射水郡	米価其ノ他諸物価ノ騰貴	新湊町細民ハ資産家及米商人宅ヲ訪ヒ救助方ヲ嘆願シタルモ不穏ノコトナシ	細民男子数十名ノ一団	警察当局ハ不穏ノ行動ナキ様諭示シ町ニ於テハ寄附金ヲ募リ粥ノ焚出ヲ為シテ鎮静ヲ見ルニ至レリ
	高岡市	米価俄然大暴騰	高岡市ノ細民ハ非常ニ生活ニ窮シ暴騰ノ原因ハ伏木町米商人堀川平左ヱ門ノ輸出米ニ基因スルトテ伏木町ヘ押寄セ強談威迫乱暴狼藉言語ニ絶セリ	細民男子七、八百名ノ一団	警察官吏ノ制止ヲ肯セス遂ニ署長ハ抜剣ノ令ヲ下シ重軽傷ヲ出シテ鎮定セシム（鎮定后町当局ニ於テ救助ス）
	高岡市	米価俄然大暴騰	前記伏木町ノ一隊ハ皈岡シ高岡市各寺院ノ鐘ヲ乱打シ火事呼ヲ為シ人心恟々暴民ハ火ヲ放チ富豪ノ家屋ヲ毀チ実ニ其ノ暴状筆紙ニ尽ス能ハス	暴動人員男子約四千名ノ一団	警部長自ラ出馬シ署長ハ抜剣ノ令ヲ下シ百余名ヲ引致シテ止ム（処刑者六名）鎮定后ハ市ニ於テ救助ス
仝廿四年	氷見郡	前年悪作ノ結果米価昂騰	氷見町細民ハ生活ニ窮シ南北ノ二隊ニ分レ鐘太鼓ヲ乱打シ示威的運動ヲ為シ有志者ニ脅迫的言動ヲ為シ或ハ投石シ乱暴極ニ達セリ	細民ノ男子三百名斗リニ女子三四十名加ハリ二隊ト為セリ	所轄署ニ於テハ首魁者ヲ処刑シ町有志ヨリ寄附ヲ募リテ救助シテ静止セリ
仝廿五年	下新川郡	米価昂騰	生地町細民ハ生活難ヲ訴ヒ仝町ノ米商人宅ヲ襲ヒ戸障子ヲ破壊スルニ至レリ	男女混合約千五百人ノ集団	警察署等ノ処分不詳ナルモ漆間民夫等ハ救助シテ鎮撫セリ
仝廿七年	下新川郡	米価騰貴	泊町民ハ役場及資産家ヘ救助方哀願シタルモ不穏ノコトナシ	婦女三四十名ノ集団	役場ニテハ有志者ノ寄附ヲ募リ救助シ鎮定セリ

明治三十年	中新川郡	米価騰貴	東西両水橋町細民ハ役場及富豪者ヲ訪ヒ救助方ヲ哀願シタルモ不穏ノコトナシ	婦女百名斗リノ集団	町役場ヨリ焚出ヲ為シ平穏トナレリ
	下新川郡	米価騰貴並不漁	魚津町細民ハ生活ニ窮シ輸出米ノ阻止ヲ迫マリ且ツ救助方ヲ要請シ穏ヤカナラサリキ	細民ノ婦女数百名ノ一団	警察署ノ制止及有志者ノ救助ニヨリテ止ム
		米価騰貴	生地町ノ細民ハ仝町ノ富豪家へ救助方ヲ迫リタルモ暴挙ニ出テサリキ	細民婦女五、六百ノ集団	其後間モナク米価下落シ救助セスシテ鎮定セリ
	射水郡	米価暴騰	新湊町細民ハ資産家へ迫リ乱暴セリ	細民男子数十名ノ一団	警察官吏ノ制止ニテ鎮定、町ハ外米ヲ救助ス
	西砺波郡	米価暴騰	石動町附近ハ前年ノ悪作ノ為メ細民ハ生活ニ窮シ役場警察署、有志者宅へ押寄セ乱暴ヲ為シ一方小矢部橋畔ニ至リ輸出米ヲ差止ム	細民男子百名ノ一団	警察官吏ノ命ニ従ヒ解散シ且ツ役場ニ於テハ相当救助シテ平穏トナレリ
仝三十一年	上新川郡	米価騰貴	東岩瀬町ノ細民婦女子ハ馬場道久其他ノ有志者ヲ訪ヒ救助方ヲ哀願シ毫モ不穏ノコトナカリキ	婦女子約百余名ノ一団	粥ノ焚出ヲ為シタルニ依リ平穏トナレリ
	下新川郡	米価騰貴並不漁	魚津町ノ細民婦女子ハ米商人宅ニ到リ輸出米ノ停止ヲ為サントテ穏ヤカナラズ	婦女数百名ノ一団	警察官ハ之ヲ解散セシメ町ニ於テハ焚出ヲ為シテ救助セシメ鎮定セリ
		米価騰貴	泊町細民婦女ハ役場及資産家へ救助方ヲ哀願シタルニ過ス	細民婦女団三、四十名	有志者ヨリ寄附ヲ為シテ救助セリ

年月日	郡市名	原因	状況	集団人員	結果
仝三十六年	下新川郡	米価騰貴	泊町細民ハ役場及有志者へ嘆願シタルモ何等不穏ナシ	婦女三、四十名ノ一団	町ニ於テハ相当救助ス
明治四十年	下新川郡	米価騰貴	泊町田町ノ細民婦女ハ米倉庫へ押寄セ輸出米ヲ停止セントセリ不穏ノコトナシ	婦女三、四十名ノ一団	救助迄ニ至ラスシテ止ム
仝四十四年	上新川郡	米価騰貴並不漁	東岩瀬町細民ハ馬場道久其ノ他ノ有志方へ訪ヒ救助方ヲ哀願シタルモ毫モ不穏ノ状ナシ	婦女子百名斗リノ一団	町ニ於テ相当救助シテ止ム
	下新川郡	米価騰貴並不漁	魚津町細民ハ輸出米ヲ阻止セムトテ米商人宅へ押寄セタルモ不穏ノコトナシ	婦女子数十名ノ一団	町ニ於テ相当救助シテ止ム
同四十五年	上新川郡	米価騰貴	東岩瀬町細民婦女ハ馬場道久方へ至リ救助方ヲ哀願シタルモ暴挙ニ出テス	婦女百名斗リノ集団	警察官ノ諭示及町ノ救助ニテ止ム
	中新川郡	米価騰貴	東西両水橋町ノ細民婦女ハ役場及有志者宅ヲ訪ヒ救助方哀願セシモ不穏ノコトナシ	婦女子百名斗リノ一団	町ニ於テ焚出等ヲ為シ相当救助セリ
		米価騰貴	滑川町ノ細民ハ仝町米商人宅ニ至リ輸出米ヲ阻止セント嘆願シタルモ暴挙ニ至ラサリキ	婦女子二百名ノ集団	警察署ハ諭示シ町ハ相当救助シテ平穏トナレリ
			泊町細民婦女ハ役場及有志者ノ宅ヲ	婦女三、四十名ノ一団	町ハ有志者ヨリ寄附ヲ募リ

下新川郡	米価騰貴	訪ヒ救助方ヲ哀願セリ		テ給与ス
富山市	米価騰貴	清水町細民婦女ハ市役所へ救助方哀願セシモ毫モ不穏ノコトナシ	婦女三、四十名ノ一団	市ニ於テハ有志者ノ寄附金等ヲ以テ外国米ノ割引ヲ為セリ
婦負郡	米価騰貴	四方町細民ハ役場ニ救助方ヲ懇請シタルモ平穏ナリ	男子ナルモ隊ヲ為サザルモノ	町ハ麦食ヲ奨励シ居ル内米価下落セリ
射水郡	米価騰貴	新湊町細民ハ有志者ニ救助方ヲ嘆願シタルモ不穏ノコトナシ	細民ノ男子数十名ノ一団	町ハ寄附金ヲ募リ救助セシニ依リ平穏トナレリ
西砺波郡	米価騰貴	石動町細民ハ役場ニ迫リ救助方ヲ哀願シタルモ毫モ不穏ノ状ナシ	男子ノ集団ナルモ人員不詳	有志者ヨリ施米セリ

已　上、

資料（二）-二　明治四十五年米問題ニ関スル四新聞記事概要及批判一覧表

明治四十五年米問題ニ関スル四新聞記事概要及批判一覧表

発行月日	新聞名	記事ノ概要	批判
六月廿三日	北陸タイムス	「生活難ノ声老幼役場ヲ襲フ」ト題シ「去ル二十一日午后三時頃東岩瀬町役場へ老幼ノ子女相前後シテ百有余名群ヲ為シテ襲ヒ米価騰貴ノ為生活困難到底助カラサレハ適当ノ救済方ヲ願ヒ度トテ一時ハ人ノ黒山ヲ為シ町長ハ懇諭シテ帰ラシメタル処富豪者ノ前ヲ行列シ示威運動ヲ試ミタリ」云々	「襲フ」「示威運動」等穏当ヲ失スル記事アルモ之等ハ殊更虚構ノ記事ヲ掲ケテ愚民ヲ煽動セムトスルノ意ニ出テタルモノニアラサルコトハ之ヲ証スルニ余リアリ要之事実ヲ伝ヘントシテ勢ニ算《ママ》リ茲ニ迸リタルモノト認ム
六月廿六日	北陸タイムス	「貧民馬場ヲ襲フ」ト題シ「昨夜（廿四日）俄カニ貧民カ何処トナク一隊ヲ為シ馬場家ヲ襲ヒ嘆願セシカ最初ハ主人不在ノ由ヲ以テ体良ク返サントセシモ形勢不穏ノ態度ヲ示セルヲ以テ警察分署ヘ此由急報セシカバ忽チ逃ケ失セタリ之レ等ニ関シテハ目下取調中ナリ	当時ノ実況ヲ詳ニセスト雖「嘆願セシ」ト云ヒ又「警察分署ヘ此由急報セシカハ忽チ逃ケ失セタリ」ト記載シタルガ如キハ事実其儘ヲ報導シタルモノト認ムルコトヲ得ルモノニシテ慥ニ将来斯ル不穏ノ行動ヲ為サムトスル者ヲ警ムルノ効アリシモノト認ム
六月廿八日	北陸タイムス	「細民山沢ヲ襲フ」ト題シ「一昨夜七時頃魚津町下町附近ノ細民中婦女隊ヲ為シ同町荒町白《ママ》米商追分九郎兵衛方ヘ押シカケ分ケノ判ラヌコトヲ異口同音ニ騒キ主人ノ説得ニ今度ハ同町大町ナル富豪山沢長九郎方ヘ押行キ女乍ラモ罷リ違ヘハ買占メ方ノ山沢ニ喰ヘ附イテナリ共本懐遂ケントゾロ〳〵道中スルヲ急報ニ依リタル警吏ハ島地刑事ヲ真先ニ走ラシメ	「喰ヘ附テナリ共」云々又ハ「何時異変アルモ知レス」等ノ文字ヲ用ヰタルハ稍々煽動的ニ似タリト雖「主人ノ説得ニ」「警吏ノ諭シニテ解散シタリ」トノ意味ノ記事及「警察ハ警戒中」云々ノ記事ハ慥ニ一般ニ

		諭シ漸クニシテ解散セシメタルカ何時異変アルモ知レスト警察警戒中」云々	対スル警告的意味ヲ含メルモノニシテ決シテ悪影響ナキヲ信スルモノナリ
六月廿九日	北陸タイムス	「生活難テ死物狂、魚津ノ婦女群二百余名」ト題シ「一昨廿七日午後二時頃魚津町上、下猟師町細民ノ婦女小児ノ一団二百余名ハ前夜警官ニ諭戒セラレテ解散セシニモ拘ハラス数隊ニ岐レテ出没シ海岸ニ至リテ伏木方面ヨリ来航スヘキ倉庫米ヲ登載《ママ》シ去ルカヲ警戒シ一方町内ノ貯蔵家ヘ押シ掛ケ生活難ヲ訴ヘ哀願スルヤラ死物狂ニ役場ニ突入スル杯一揆騒動ノ如ク雑踏シタルモ警官ノ慰撫ニテ一先静マリタリ」云々	「警官ニ諭戒セラレテ解散セシニモ拘ラス」トハ不穏ノ行動ヲ戒シメタル意味ト解スルコトヲ得ルモノニシテ「一揆騒動ノ如ク雑踏シタルモ」ト記載シテ之ヲ一揆ニ例ヘタルハ当ラスト雖最後ニ「警官ノ慰撫ニテ一先静マリタリ」云々ト結ヒタルハ社会ノ秩序ヲ紊サヽランコトヲ念トシテ執筆シタル穏健ナル記事ナリト認ム
六月三十日	北陸タイムス	「生地ノ細民群富豪ヲ襲ヒ暴行セントス」ト題シ「去ル廿三日以来数百石《ママ》ノ細民婦女隊ヲ為シテ連日連夜仝町内ノ富豪家ヲ襲フテ其窮状ヲ訴ヘ或ハ漆間永作等米穀仲間《ママ》商人ノ宅ヲ襲フモ理非ノ判ラサル愚昧ナル細民ハ輸出米ノ中止ヲ哀願シテ要求ヲ容レサレハ不穏ノ行動ヲ為サントシ警察官出動シテ警察戒《ママ》諭示解散セシメタリ」云々	連日連夜ナリシヤ否ヤハ之ヲ知ラスト雖兎ニ角斯ル哀願的動作ヲ為ス者ヲ指シテ「理非ノ判ラサル愚昧ナル細民」ト叱咤シ「警察官ノ出動シテ警戒諭示等解散セシメタリ」ト結ヒタルカ如キハ穏健ナリト認ム
七月一日	富山日報	「滑川ノ細民二百期米商ヲ襲フ大事ニ至ラシメスシテ止ム」ト題シ「東岩瀬町ノ細民隊ヲ為シテ富豪ノ宅ヲ襲ヒ又近ク生地町ニ於テモ不穏ノ言動アリテ人心恟々タル一昨夜十時頃滑川町浜町ノ漁夫ノ子女約二百名ハ同町河南神社境内ニ集合シ昨今ノ如ク米価騰貴ルハ期米商人カ徒ラニ買締メテ之ヲ他国ヘ移出スル結果ナリトテ直ニ勢揃ヲ為シテ仝町期米商会金川宗左エ門方ヲ襲ヒ将ニ大事ニ至ラントセルカ目下同町有志間ニ於テハ細民救助ノ為種々善後策ニ付講究中ナレハトテ諭示スルモノアリ十二時頃漸ク解散シテ無事ナルヲ得タリ	比較的不穏当ノ記事ニシテ煽動的ナラサルニ「諭示スルモノアリ十二時頃漸ク解散シテ無事ナルヲ得タリ」ト穏当ニ結ヒタリ之ヲ今回ノ煽動的誇張ナル記事ニ対比スルトキハ実ニ甚シキ差異ナリトス

要之四十五年ノ記事ハ「襲フ」ノ文字ヲ用ヰタルコトニ於テ一致シ其ノ他多少穏当ヲ失スト認ムル記事ナキニアラサルモ概シテ社会ノ反響ヲ顧慮シ無責任ナル報導ヲ為サヽルニ努メ又一揆暴動等ノ不穏当且煽動的ナル文字ハ妄リニ之ヲ使用セサルコトニ注意シタル等概シテ記事穏健ナルヲ認ム然ルニ之ヲ今回ノ本県ニ於ケル米事件記事即チ一揆ニアラサルモノヲ目シテ一揆騒擾ナリト無稽誇張ノ報導ヲ為シ又「竹槍ヲ持参シテ」或ハ「鐘ヲ突ケハ何々方ヲ襲ヒ」等ノ全ク煽動的記事ヲ掲ケ甚シキニ至リテハ不眠不休職務ノ為ニ奔命シツヽアル警察官吏ニ対シ反抗ヲ煽動スルカ如キ記事ヲ掲ケテ毫モ恥ツル所ヲ知ラサル現代ノ有害新聞ニ比スルトキハ実ニ雲泥ノ差ナリトス

資料（二）―三　大正七年米ニ関スル哀願運動状況一覧表　自七月二十三日 至八月十九日

大正七年米ニ関スル哀願運動状況一覧表　自七月二十三日 至八月十九日　富山県警察部

運動地	発生日	当日ノ概況	経過	私記（立花雄一）　新聞記事・現地調査等との差異
魚津町	七月二十三日	平穏	二十二日夜猟師ノ女房連三四名ガ共同井戸端ニ於テ米価ノ騰貴ハ米ヲ輸出スル為《ママ》ナルヲ以テ明日船ニ登載《ママ》セサル様願フデハナイカト談話シ居タルヲ探知シ警戒シ居リタルニ果シテ廿三日午前八時三十分頃四十六名ノ婦女連海岸ニ集合シタルヲ以テ穏ニ制止退散セシメタルモノニシテ毫モ不穏ノ行動ナシ	(1)二十三日朝北海道行の米五百石を積みに汽船伊吹丸が寄港したが、新下猟師町の女達四十六名（下新川郡役所報告＝六十名）が警官の制止を押切って、米俵を担ぐ仲仕の列に殺到、伊吹丸は空しく出帆した（『富山日報』7・25） (2)同夜「数組に分れ魚津町内各米穀商店に殺到」「米を他へ輸出して我れ〳〵を困却せしめなば、竹槍を以て突き殺すから左様心得よと恐ろしき権幕に各店主も恐怖」（『北陸タイムス』7・25）
東岩瀬町	七月二十七日	同日ハ平静ナリシモ再挙ノ虞アリ	同日午后九時頃浜町及浦町ノ細民女子十四五名資産家ニ就キ救助方哀願ノ目的ニテ諏訪神社ノ方面ニ進ミ之レニ夜涼ミノ婦女等加ハリテ三四十名ニ達シタルヲ以テ署長ハ懇諭即時帰宅セシム	（署長自ら出馬していることから察すれば、人数、騒ぎの規模など、県警察部のいう概況以上であったことは蔽い難い）
東岩瀬町	七月二十八日	運動ヲ実現スルニ至ラスシテ大体平穏ニ帰ス	同日晩一番町二番町方面ノ細民三四名ツ、一団トナリ十八九名再ヒ哀願ニ出テントセシヲ以テ署長ハ懇諭シテ帰宅セシメ未然ニ阻止セリ	「仄聞する処によると東岩瀬町の細民が同町の素封家馬場、米田、畠山の大家へ攻め蒐《か》け开《そ》して其の窮状を訴へて救済の策を懇望したとか」（『北陸タイムス』7・31）

運動地	発生日	当日ノ概況	経過	新聞記事・現地調査等との差異
泊町	八月二日	尚哀願セントスル模様アルモ不穏ノ虞ナシ	同日午后七時頃泊小学校ノ路傍ニ田町細民婦女集合シ町役場ニ救助方哀願セント協議シタルコトアリシモ実行セス解散シタルモノナリ	「本月初めより毎夜の如く集会」（『北陸タイムス』８・９）
西水橋町	八月三日	全ク鎮静セス再挙ノ形勢アリ	同日午后八時三十分頃細民婦女等約百五十名集合シ有志石金長四郎藤木治郎平方宅前ニ至リ（1）米ノ輸出ヲ為サヾルコト（2）米ヲ廉売セラレタキコトヲ哀願シ居タルヲ以テ其ノ不心得ヲ諭示シ平穏ニ解散セシム	「五六十名宛にて三隊に別れ一隊は浜方有志方へ一隊は町内有力者方へ一隊は町中の米屋及米所有者の宅を襲ふて現下の窮状を訴へ」「聴き容れざれば家を焼き払へ一家を鏖殺せんと」「東水橋警部補派出所にては安ヶ川主幹以下巡査数名出動」「夜十時頃に至り漸く離散せしも一部の女共は尚数名宛隊を組みて米屋の前に張番し今徹宵に及びたりといふ」（『高岡新報』８・４）（『北国新聞』『大阪毎日新聞』『大阪朝日新聞』各８・５）。京大の『米騒動の研究』はこれまでを騒動の「序曲」といい、この日からが「女房一揆」の段階という。法大の「『米騒動』の第一段階」もほぼ同断。
生地町	八月四日	哀願セントスル模様アリ	同日午前十時頃同町字大町細民婦女子十八名計全町役場ニ出頭町長不在ノ為能登書記ニ対シ外国米購入方及幾分ノ救助方哀願シ退散セリ	(1)三日夜細民婦女子約三十名役場及議員宅を訪問し救済方を要請（8・13源郡書記の下新川郡長宛復命書） (2)「四日夜誰伝ふると無しに細民の婦女子約七八百名群がり出で茲に町長始め各町会議員並に米商の門を叩き窮状を訴へ米価引下げに就き△哀訴歎願を為し居るより同町巡査部長派出所主幹なる柏木巡査部長以下の警官は出動し群集の解散に努め夜を徹したり」（『高岡新報』８・９）

泊町	八月四日	不穏ノ模様ナシ	同日午後一時頃田町ノ重立者八名同町林覚寺ヘ集合シ救助方役場ニ哀願セン為五名ノ総代ヲ立テ翌五日出頭スルコトニ協定シタルモ其実行ヲ為サヾルモノナリ	「就中新町田町方面の細民等は一層猛烈にて去る三日夜來毎夜の如く集会し之が窮状を当局に嘆願すべく決議したる由なるが町にては此際何とか善後策を講ぜざれば或は意外の紛擾を惹起すべく形勢既に穏かならざるものあり」(『北陸タイムス』8・5)
東水橋町	八月四日	形勢稍々不穏	同日夜細民婦女等漸次集合シ其ノ数約三百名ニ達シ資産家小松武右ヱ門方及町長宅ヲ訪問シ廉売方ヲ哀願シ夫レヨリ米商高松庄太郎方ヘ至リ同様哀願ノ結果庄太郎妻婦女連トノ間ニ口論ヲ始メ騒然タリシモ警察官ノ鎮撫ニ依リ解散セリ	「六七百名」「米穀商及び米所有の家々を襲ふて米価暴騰は他へ送り出す為なれば今後一俵と雖も他へ売渡す可からず之を聴入れずば相当の手段を採るべしとの意を以て脅迫したり之が為め前日通り水橋警部補派出所」「署員全部出動此女軍の解散に努めたるも多勢に無勢にて警官制止に耳を藉さず全町湧き返るが如き騒擾の裡に夜半十二時過ぎ漸く鎮静」就中新上町高松庄太郎妻「私の所は商売だから売るも売らぬも勝手なり」「お前さん達のやうな者は食へねば死んで了へ」と暴言(『高岡新報』8・5)
四方町	八月四日	平穏	同町細民婦女子約五十名斗リ同夜八時頃一団トナリ増山町長及物産共同販売所ニ赴キ米価暴騰ノ為此際救助アリタシト哀訴嘆願シタルモノニシテ警察官吏ノ制止ヲ待タス任意退散シタルモノナリ	『米騒動の研究』が指摘しているとおり、これは八月四日ではなく、八月八日夜の騒動のことであろう。(参照『高岡新報』8・9の記事「四方にも五六十名の一団」。『北陸タイムス』8・10の「四方にも細民団蜂起」)
泊町	八月五日	不穏ノ模様ナシ	同日午前十時頃荒川及上町ノ細民婦女二十四名泊駅前運送店附近ヲ徘徊シ居タルヲ泊分署ハ聞込ミ巡査ヲ派シ其理由ヲ聞キタルニ何等答フル所ナク直ニ	(1)「各町内にては協議の上代表者を選定し町当局に之が窮状を訴へて嘆願したるより小沢町長は去る六日午後町会議員を招集し細民救助策に就き種々協議を為したる結果町の救助規定に基き毎日男一人に付金五銭女一人に付金四銭十五才以下三銭七十

運動地	発生日	当日ノ概況	経過	新聞記事・現地調査等との差異
泊町	八月五日		解散皈宅セリ其後同分署ノ内査シタル所ニ依ルト同日荒瓦《ママ》運送店ヨリ玄米ヲ輸出スル趣ニ付搬出セサル様嘆願ノ意ニテ徘徊シタリシモノナリト云フ	才以上四銭宛救助を為す事となし三名の調査委員を選び七日より窮迫者の調査に取り掛りたる為各細民等も漸く鎮静」尚「外国米共同購入の件に付き種々協議」（『北陸タイムス』8・9） (2)泊町の隣横山村、八月五日午後十時頃、「同村八幡の婦女子約三十名」「同村米商亀田善松が所有米五十石を他へ輸出のため、七日入善駅へ搬出する旨を聞込み、同家に押寄せてその中止方を申込まんとしたが、駐在巡査の説得により直ちに解散」、村役場は直ちに外米購入の手続きをとった（八月九日郡当局への報告）（京大『米騒動の研究』）。
生地町	八月五日	再演ノ虞ナシトセズ	同日午後四時頃石田村海岸へ寄港シタル成城丸ハ米穀ノ積込ヲ開始スルヲ聞キ込ミタル生地町細民婦女ハ午後十時頃ヨリ生地町三ヶ所ニ五十名乃至百名宛集合シ米価暴騰ハ内地米ヲ搬出スルニ起因スレハ石田ノ米穀搬出ヲ見合セ方哀願セントテ押懸ケタルヨリ三日市分署長以下巡査四名出張解散ニ努メタルモ尚百名計リノ婦女ガ石田村浜松倉庫ニ押懸ケシモ倉庫業者ハ戸ヲ閉チ就寝ノ体ナリシト警察官吏ノ説諭トニ依リ翌午前二時穏カニ退散セリ其後ニ於テ汽船ニ米穀ヲ千石余積込ミ十一時頃	(1)石田村＝「五日未明に石田港へ瀛船天成丸（県警は成城丸）は北海道行きの米を積込みに寄港せしかは」「同港の細民の婦女子は浜辺に蝟集して不穏の状あるより同港の女仲仕は荷役を断りたるに該米の荷主なる三日市町の某米商人は困憊を極め爰に女仲仕に対し倍賃銭を支給の条件を附して荷役を依頼に就き女仲仕は漸く納得し荷役に従事せんとせしが一方細民婦女団が控へ居ることとて躊躇を為し居れる折りしも」 (2)生地町＝「生地町の細民婦女子は石田港へ瀛船が米積みに来れるを知り素破《すは》大変と做し同夜約三四百名の女が十一時頃一団となつて約一里余の石田港へ指して馳付け之れより先き柏木巡査部長等は途中を擁し事理を説き町役場と協議し救済方法を講ずべき旨を述て制止に従事し居れるが群集は「判りました〳〵」と口に称へつゝ前進し石田港に到り同港の細民婦女と

	東水橋町
	八月五日
	再ヒ集合不穏ノ挙ニ出テサルヲ保セス警戒中
終了セリ	同日午前十一時頃ヨリ労働婦女連約二百名海岸ニ集合シ汽船ニ米ヲ積込マサル様警戒シ尚午后四時四拾分頃新荘町ヨリ滑川町ニ運搬スル米積載ノ荷車ヲ阻止セムトセシ所ヲ島地刑事巡査カ認メ之レヲ制止セムトスルニ対シ附近ニアリシ男子カ婦女ニ加勢シテ島地刑事ニ軽傷ヲ負ハシメタルヲ以テ執行防害《ママ》並傷害罪トシテ取調ヲ為シタリ

共々に喧囂を極め翌六日黎明頃漸く離散したるが之が為め夫れ迄は天成丸の荷役は不能に終りたれは」

(3)石田村＝「是非六日の昼の間に荷役を了すべく急ぎ居れる所石田の又復細民婦女子は浜辺に群れ出で怒声を揚げ居るより仲仕等も幾度か躊躇を為し而して天成丸は同港に於て米千弐百十石積込む筈なりしが右の騒ぎにて内五百石を積残して同日夕刻出港したる」

(4)生地町＝「生地町の米商人中に小樽へ急送すべき米三百石を有し居るも時節柄怖れて輸送を見合せ居る由にて生地町役場にては去る七日町会を招集し細民救済に就き協議を遂げたるが不取敢外米二車乃至三車を取寄せ供給すと」（『高岡新報』8・9）

(1)同日午前八時頃藁筵を積みに入港した幸明丸が米を積み込まないよう警戒した。

(2)「午後四時四十分頃一隊は新荘町より滑川町に運搬する米積載の荷車を役場附近で阻止した。これを見た刑事島地は威圧的に「そんなことをしてもだめだ、通してやれ」と女房達に叫び、押問答がくりかえされた。かくするうちに漁師の男達も集って来た」「遂に刑事は撲りつけられ、板塀を後にして怒れる群集に取巻かれた。急報に接した滑川署では、高信、渡辺両巡査を派遣した。二人は島地を救出し、群集のなかから三名をタイホし、派出所に連行し、更にホウホウの態で滑川署に三名を連れて逃げ帰った」。

(3)中田佐一郎談話「駅前に米の移出専門店を開いたが」「米騒

運動地	発生日	当日ノ概況	経過	新聞記事・現地調査等との差異
東水橋町	八月五日			動の時は一週間ほど前からかみさん連中が停車場所《ママ》に積んである米を出させないようにしよう、と話し合っていた。そして、第一番に、うちの店がおしかけられた。群集の列は停車場の前から七、八町も続き、手の下しようもなかった。二三の代表の女房が積んであった米俵を一俵づつ数え、『出したら承知しないぞ』といって次第に引揚げていった。東水橋は一日おくれて騒動が起ったのだが、群集の要求は『ともかく米を出してくれるな』ということであった。警察では町内をふれ歩く者は逮捕すると布告を出していたが、群集は駅へ向う道すがら、各家々に呼びかけ『一軒に一人づつ出さなければ火をつけて燃やすぞ』というふうにふれ歩き、雪ダルマ式に動員していた。私の妻は、結婚後二年目で丁度妊娠している時であったが、この妻の親戚の者も私の家におしかけて来ていた」そして「輸出阻止のために群集は縄を張って、張り番をした」という（(1)〜(3)は法大「米騒動」の第一段階」より）。
滑川町	八月五日	形勢稍々不穏	同日午後九時三十分頃ヨリ集合シ富豪斎藤仁右ヱ門、金川宗左ヱ門方前ニ至リタル際ハ漁夫ノ妻女約五十名ニ夜涼ミ旁々ノ見物人カ加ハリテ約三百名ニ達シ警察官吏ノ懇諭ニ依リ一先退散シタルモ再ヒ集合スル等稍不穏ノ状況アリ警察官吏ノ懇諭ニ依リ十一時三十分	新聞記事なし。

			退散シタリ
魚津町	八月五日	平　穏	同日午後十時三十分頃魚津町大字新下猟師町細民ノ婦女子約百名ガ米価ノ騰貴スルハ魚津地方在米ノ輸出ニ由ルモノトシ内代表者カ山沢長九郎方及米商人宅ヲ訪ヒ哀願シタルヲ以テ巡査部長ヲシテ諭示解散セシメタルモノニシテ不穏ノ言行ナシ

(1)「五日夜猟師町の窮民約数十名の婦女子は老へたるは杖に縋り若きは子供を背負ひ或は手を索き連れ蜂起し、山沢・浜田《ママ》・米田等の如き重なる米穀商店を襲ひ「米を他所《よそ》へ輸出して下さるな、明日は米価の値上げを為さないやうに」と哀訴し廻はり歩きたる」。

(2)「翌六日夜も更らに其人員が増して数百名に上り前夜の如く重なる各米穀商を襲ひ廻はり其群集は魚津警察署前を通過に就き署内より高松巡査は飛出で群集に解散を促し尚ほ警察官数名出動し追ひ散しに努めし」。

(3)「翌七日漁師町の区長有志十名を警察署に招致し蜂起せざるやう各住民に伝達方を申渡したり、然るに七日夜遅く町会議員を襲ふべく又復女軍蜂起したるが之を感知せる警察署にては要路なる玉川橋角川橋に警官を派し遮りし為め事無かりしが然し事態容易ならざるものあるより」、

(4)「昨八日午前膳亀町長西田警察署長、高松巡査部長は郡衙に於て坂本郡長と会見し善後策に就き凝議を遂げ而して膳亀町長は今九日急施町会を招集」（『高岡新報』8・9）

川岸きよ談（七八）六日「大ぜいおしかけてる中に男が一人いたちゃ。まちの八百屋さんで」「そしたら、警察が八百屋をつかまえた。それで私ら、百人ぐらいだったか、すぐ警察におしかけて行って、〝わしら全部が一味やぞう〟〝一味やぞう〟と、叫んだ。警察びっくりしてもて、八百屋さん即座に釈放しましたわ」（一九七二年八月二十日『サンデー毎日』掲載、増田れい子「3人の母ちゃんの証言・コメ騒動から55年」）

運動地	発生日	当日ノ概況	経過	新聞記事・現地調査等との差異
西水橋町	八月五日	稍平穏	同日午后十一時頃（細民妻）約五十名斗リ輸出差止メ哀願ノ為米商藤木次郎助ニ面会ヲ申込ミタルモ戸締ヲ厳重ニシテ面会ヲ拒絶シタル為已ムヲ得ス退去シ夫レヨリ停車場前十合会社へ約二百五十名斗集合シ輸出停止及安価販売ヲ哀願シテ零時三十分任意退散シタリ 同日午后二時頃ヨリ続々金川宗左ヱ門方前ニ蝟集シ男女合シテ千名以上ニ達シ喧噪ヲ極メタリ郡長及郡書記ハ慰撫的演説ヲ為シタルニ対シ罵言冷笑ヲ為ス等此ノ日ノ形勢ハ険悪ナル状況ヲ呈シタルカ署長ノ熱烈ナル慰撫的懇諭ニ服シ翌午前一時退散セシムルヲ得タリ 但警察ニ対スル反抗的ノ気氛ナシ	「西水橋町役場にては昨日午後三時頃石倉町長不在なりしも飯田助役は各町の総代二三宛を役場に招き善後策に就き協議」「西水橋にて一揆連の訪れたるは石倉町長宅藤木治郎平斎藤定次郎中田才次郎の各高持ち及び金谷米商方にて」（『高岡新報』8・6） (1)東水橋の状況＝「水橋町警部補派出所にては右一揆の巨魁として一名の男子及び三名の婦女子を引致騒擾罪として取調べつゝあるに対し前記一揆に参加したる漁師町の家族連は之を聞知するや昨朝来業を止めて同派出所前に押寄せたる者三百数十名彼等は口々に警察の不法を鳴らし罪は引致せられたる人々に非らず我れ〳〵なり若し罰するならば我々も共に罰せよと称して去らず一方別動隊の女軍は海路船に乗じて滑川本署に陳情する等事態益々険悪に陥りつゝあり尚聞く所に依れば官線水橋駅前拾郷運送店より昨六日午前東京に向け玄米一車発送せんとしたるに之を聞き知りたる女軍連は更に同列車を襲ひ右玄米数百俵全部を荷卸して発送を不可能ならしめたる由」（『高岡新報』8・7） (2)「中新川郡滑川町海岸漁師家族の婦女子連は今暁零時を相図に相呼応して老幼約三百名は大字裏町通を怒号の声凄まじく」「同町の資産家斎藤仁左衛門方を劈頭に各有力なる米商を始め

滑川町	八月六日	形勢不穏（巡査六名応援）

有志の宅前に跪きて窮状を訴へ」「之れに附和雷同したる一群は大字裏通りの細民等百余名と合して三々伍々隊を為し」「下小泉町に出で同町の有力者金川宗左衛門倉庫前に到り口々に叫びつゝ晒屋川の橋上附近は潮の如く其の中滑川署の鎮撫の一隊は現場に馳せ来りて制止せしも却々肯かず同倉庫前は黒山を築き警官は帰れ〳〵と制すれば一先づ他へ退きて更に同店主人に哀願せんと執圉《いきま》き」「動ずる気色更に無く其中幾分鎮静したる機に乗じ警官は明日役場と相談して何とか米の安価なるやう取計ふべければ此所を切り上げて各々帰宅せよと諭したれはやつと腑に落ちたるもの、如く思ひ〳〵に家路に着きし頃は暁風冷やかに身に沁みし今午前四時頃であつた」（『高岡新報』8・6）

(3)六日午後からは、水橋、滑川の群集は合流した。「今日も正午頃水橋方面から遣つて来た一団に沿道の西町、領家の女共が加はり之が滑川の一団と怨嗟の的になつてゐる米商金川宗左衛門方の前で落合ひ大騒ぎを演じました」（『高岡新報』8・7特派員報(一)）

(4)昨正午に至り又々大字領家、高月、西町等の細民一百余名団を為して橋東の海岸大字各町より寺家、下小泉等の各町を迂回して路上怒号しつゝ大に人心を誘ひ之れに加はる者三百余名の老幼婦女子は金川宗左衛門商店を襲ひて十数台の荷車に積載して今や搬出せんとせし米穀に縋りて搬出を侵拒《ママ》し同商店附近の晒屋川橋上にて稲崎郡書記は各々帰宅して稼げ米は一升一円したとて働けは食はれぬこと無しとて制止したれは青二才の癖に生意気なりと罵詈雑言を浴せられて返す言葉無く「◎一方巷塵

運動地	発生日	当日ノ概況	経過	新聞記事・現地調査等との差異
滑川町	八月六日			を捲き立て、十数名の警察官の制止に耳も借さはこそ」「◎同日夜に入るまで若しや各米穀商店より瀛船若くは停車場へ米を搬出せずやと諸所に群かりつゝ張番を為し居たりと」（『高岡新報』8・7） (5)「昨日午後中新川郡滑川沖に一隻の瀛船投錨したるが右は北海道根室より玄米三百石を積込みの為め寄港したる伊吹丸なるが前記騒擾を聞知するや其の危険を虞れ荷役を為さず出発したり」（『高岡新報』8・7）。「漁夫の女房達は「おかかこられんか」と誘い合せ、一軒のこらず女房と娘が一斉に浜辺に踊り出た。武平太町、北町の女房達は汽船へ米を積み込むための艀をおろさせないために乳呑児のある者は子供をだいたままハシケの下に坐りこみ、その他の者は纜をおさへて放さなかった。浜町方面の女房達は、海浜の米の集積所に殺到し、一俵も艀へ運ばせじと頑張った。又他の一隊は金川倉庫の前へ見張りに赴いた。こうして女房達の積出阻止の戦斗配置は水をもらさぬほどであった。こうした情勢に危険を感じた伊吹丸は荷役をなすことなく倉皇として伏木方面へ逃れ去った」（「「米騒動」の第一段階」） (6)「午後四時十八分発列車に乗り約一時間にして滑川駅に降りた。駅前道路を直線に手帕《はんけち》で流るゝ汗を拭ひつゝ滑川警察署前に差蒐《さしかゝ》れば門前に一見漁師町育ち風の見窄《みそぶら》しき女が数十名群がり中には老媼も交はり署内の様子を交々見張つてゐる草鞋穿の

巡査が一人署内から現はれ群集を見渡し向の茶屋に這入り込んだ此の様子を目撃し唯事ならぬことが起つてゐることが直覚能《で》きた」「警察署前の群集は昨夜の八時頃に東水橋から一揆の教唆嫌疑で一人の漢《をとこ》が滑川署へ引致され引続き今晩の一時頃に三人の女が引致されたので其家族や近隣の人達が其の安否成行を他所《よそ》乍ら見に来て居る訳で而《そ》して正午頃水橋から殺到の約二百名の一揆は即ち犠牲になるなら吾々も共に犠牲にならんと遣つて来たものであるといふことだ」（『高岡新報』８・７特派員(1)）

(7)「六日午後六時を報ずるや老幼男女を混じへたる集団は各町より犇々として下小泉町米肥商金川宗左衛門方宅前に押寄せ午後八時頃には既に二千名を超ゆるの一大集団となり喧噪を極めたり」「斯くて喧騒せる大集団は怒号罵声を放ち「主人を出せ」と絶叫せる」「折柄事もあらんと警戒中なりし警官隊の一隊も馳せ参じて制止解散に努めたるも何等の効なく更に加はる民衆は潮の如く時の移ると共に増加するのみにて事態次第に険悪に陥りつゝある際、井関中新川郡長は現場に臨場し金川方宅前街路に椅子を出し、大要左の如き一場の慰撫的演説を為す」「米価の騰貴は一人金川宗左衛門にて如何とも為し得ず斉藤仁左衛門も亦た之れを左右する能はず……と言及するや群集は忽ち罵声を放ち「野郎引卸せ」等と称し漸く井関郡宰の身に危難の迫まらんとするものありしかば郡長も這々《ほう〳〵》の態にて金川方の奥の間へ逃げ込むや群集は鬨の声を揚げて屋内に闖入せんず形勢に警官隊は極力制止に努め」「漸く此の集団も意を得たりとなし次第に退散したり時に十二時四十分前なりき」

運動地	発生日	当日ノ概況	経過	新聞記事・現地調査等との差異
滑川町	八月六日			(8)「然るに之等退散中の別働隊六十余名は早くも滑川米肥会社を襲ひ」「同社支配人深井省三氏の私宅に殺到し今晩二時頃迄救済方の懇願を為し」「間もなく解散したり」（『高岡新報』8・7） (9)六日夜金川宅前の情景につき、法大「米騒動」の第一段階」はこう書いている。「この日、警察側では六名の応援巡査を加え総出で警戒すると共に、午後六時頃、高信巡査を金川宅に派し、主人宗左衛門に「今夜金川を襲うという噂があるから、どこかへ身をかくすように。」と通報した。所が宗左衛門は鼻息荒く、「滑川中の者が束になってかかっても一人で引受けるわい」と頑張り、碁をうっていた。この宗左衛門の姿が外から見えた。群集は口々に「何や！やってしまえ」と怒号した。さすが宗左衛門もいたたまれず我が家を裏から逃げ出して、石黒という近所の家にかくれた」 (10)六日両水橋協定の救助案が決定された。「一、窮民救助は戸数割負担歩合三歩以下を程度とする事、一、救助米は外国米を本位とす」他。なお「被救助者たる三歩以下負担者は五百三十戸の多きに達する見込」（『高岡新報』8・7）
			同日午後八時三十分頃ヨリ金川宗左ヱ門方前ニ集合セル者男女合シテ約六七百前日同様形勢甚ダ不穏ニシテ金川ヲ詈ル者後方ヨリ小石ヲ投クル者等一二	(1)「群集は前日にもまして激昂していた。人々がひしめき、おされて河に転落する者もいた。こうした中で私服警官はかねて用意の白墨の粉袋をそっと、目星しい人達の背中に（袂やズボンの端や靴などにも）つけていた。ヤレ〳〵と怒鳴ったり、隣

滑川町	八月七日	形勢不穏（更ニ巡査六名応援）	アリタルモ警察官吏ノ熱誠ナル警戒効ヲ奏シ十二時半頃無事解散セシムルヲ得タルナリ	の者に話しかけたりする挑発も行われたといわれる。それとは知らず怒にまかせて行動した人達は彼等の挑発のわなにおちこんでしまったのである。時計も十二時をすぎる頃漸く解散して、家路を急ぐ群集の後から一寸位はらってもおちないマークをつけられた人々を私服の尾行が家の戸口までつけた。そして目星のつけられた人達は住所と名前を記録されたのである」（法大「米騒動」の第一段階」） (2)「滑川町にては今七日午前八時より窮民救助の善後策を講ずる為め臨時急施町会を招集したり」（『高岡新報』8・7）。町税三分以下（一、〇八八戸）に一日平均三合の割で、五銭安三五銭の廉売案決定。
滑川町	八月八日	不穏ノ兆アリ	同日汽船三徳丸入港シ米肥株式会社及金川宗左ヱ門共同積出ノ米千数百石ヲ海辺ヘ搬出ニ着手シタルニ対シ細民ノ妻女等カ間接ニ仲仕業者ニ嘆願シテ一日休業シ貰ヘタル為米ノ積出ヲ不能ナラシメタリ然レ共直接ニ妨害ヲ為シタルニアラス又不穏ナシ	昨八日午後入港したる三徳丸は米肥株式会社より千石の米穀を積載出帆の予定なりしも女軍の侮り難き形勢に大字山王町郷社加積雷鳴神社下の海岸に積まれたる数百俵の米穀は荷役せんばかりに運はれたるも元の倉庫に再び倉入りしたるが聞く所にては同会社にては此際金五百円を救助の方へ寄附すべく一面外には五百円を瀬浜町漁民へ寄附すべく内意を含みたるも同漁民は他町の人々に対し斯る拠金は受け難しとて応ぜざりしやに伝へられたる」（『高岡新報』8・9）
滑川町	八月八日		同日午后二時ヲ期シ滑川町民三十名ヲ警察犯処罰令違犯（強談威迫等）トシテ一斉ニ滑川警察署ニ召喚シ取調ヲ為スニ至リタル為或ハ之ヲ利用シテ反抗的気分ヲ煽動スル者等輩出スルコトナ	(1)「若者二十余名は同日滑川警察署に召喚され夜に入りて安ヶ川水橋警部補派出所主幹取調べたるが同夜是等家族及び数百名の群集は入れ交はり立ち交はり同署前に犇々詰め懸け之れか安否を聞かんとし又混雑名状すべからざるものあり何人の言ひ触せしものか「今夜竹鎗を所持して武装せん高月辺にて太鼓を打

運動地	発生日	当日ノ概況	経過	新聞記事・現地調査等との差異
滑川町	八月八日	形勢最不穏（警察部長警務課長外応援巡査三十五名ヲ増派ス）	キヲ保シ難ク形勢一層険悪トナレリ然レ共之レ固ヨリ期スル所ナルヲ以テ五十余名ノ巡査ヲ以テ警察署門前金川方前等ニ警戒セシメタル所果セル哉七時頃ヨリ警察署前及金川方前ニ押寄セタル者各々五六百名ニ達シタルモ警戒ノ厳ナルト且警察官吏ノ言行懇切周到ヲ極メタル為反抗的気分ヲ醸成スルニ由ナク従ツテ乱行ニ出ツルノ機会ヲ得スシテ空シク解散スルニ至レリ後日ヨリ顧ミレハ六日ハ人数最高ニ達シ一見最険悪ノ形勢ノ如ク云為スルモ警察的着眼ヨリスレバ八日カ危険切迫シタルモノナリキ	ては斎藤仁左衛門若しくは米肥会社に押し寄せ或は晒屋辺の寺院にて梵鐘を乱打せば金川宗左衛門宅に押寄せ」などと不穏の風説まで喧伝されたるを以て滑川署にて万一を慮り同日午後富山署より六名富山県巡査教習所生二十名正服にて隊伍を整ひ中新川郡役所楼上に少憩し其他新庄署上市五百石両分署水橋警部補派出所等より応援巡査来集し金川商店米肥会社其他滑川町役場前等に配置し金川商店の如きは店舗を固く閉鎖し店先きに倚子を並列して警官之に倚りて同店頭及び倉庫附近は一名の人だに佇立せしめず一方橋上及び両側の道路は人を以て埋めたるも十数名の警官提灯を振り翳しつゝ制止に努め十二時頃まで騒然たるものあり同署にては徹宵警戒したり」（『高岡新報』8・9） (2)当時滑川署電話係橋本喜一談「町民を検束したあと、前田署長は、〝町民が釈放要求に押し寄せて、投石する恐れもあるから、いつでも避難できる体制をとっておくように〟と指示していた。夜になって、警察署前の群衆がふえた。バラバラと小石が飛んできて、窓ガラスが多少破れたが、署内に乱入するような強引な気配はなく、〝検束者を返せ〟という哀願のかたちだった。……検束者を九日の朝すぐ釈放し、一人の送検者もださなかった」（新興出版社『いま、よみがえる米騒動』）
東岩瀬	八月	町役場ノ救助方法実行	同日午后九時三十分頃浜町及浦町ノ細民婦女約七八十名一団トナリ町有志ヲ	前日八月八日「極貧者一三才以下男女一日三銭五厘、一三才以上男七銭女六銭宛現金にて救助することに決す」（京大『米騒

町	九日	セラレナバ平常ニ復セン	訪問シ救助方哀願セントシ居タルヲ警察吏カ聞込ミ直ニ現場へ出張懇篤訓戒ノ上解放セシメタリ	動の研究』）。その翌日のことである。
生地町	八月十日	危険性ヲ帯ビズ	同日同町泉田伊八郎ハ石田港ヨリ北海道へ白米三百石斗リヲ輸出ノ目的ニテ自宅ヨリ荷馬車ニテ石田港へ運搬中同夜十時頃生地町貧民婦女子約五十名斗リ全家宅前ニ至リ搬出セサル様哀願セシカ巡査ヲ《ママ》シ説諭ノ上無事解散セシメタルモ泉田ハ後難アルヤヲ杞憂シ其儘一時搬出ヲ中止セリ	翌一一日には、「生地町は三日市町より外米一〇石余を借受けて原価で販売」（京大『米騒動の研究』）
石動町	八月十六日	解散後再発ノ模様ナシ（巡査五名応援）	同日午后三時ヨリ同町有志貧民救助ニ関シ協議会アルコト聞知シタル貧民等ハ救助ノ範囲ノ拡張並ニ内地米一升三十銭以内外米一升十六銭以内ニ販売方ヲ迫ランガ為町内愛宕神社ニ集合シタルヲ以テ警察署ニ於テハ其主謀者ト認ムルモノヲ召喚警告セルモ容易ニ之ニ応セス群集益々加ハリ小学校前ヨリ警察署前ニ来リシ頃ハ約五百名ニ達セシカ群集中ノ重ナル者町長ニ対シ其言明ヲ迫リタル処町長ハ前記相場ヲ以テ町民一般ニ販売スベキ事ヲ言明シタル為群集モ午后九時四十分頃解散セリ本件	同じ西砺波郡では、砺波ですでに八月六日、下記のような瓦職工の賃上闘争が始まっていた。「西砺波郡砺波瓦生地工作同業組合に属する瓦職工二百五十余名は昨今各所に会合を催し物価暴騰に伴ふ職工賃銀余りに低廉にして生活難を訴ふる事甚だしく殊に他の各種会社の職工賃金に対比せは格段の相違あるのみならず瓦の値段も相当騰貴せるにも拘らず未だ工場主は何等考慮せざるは無情なりとし職工全部の調印を纏め工場主に対し賃金値上げを肉迫すべく決議したるが之に対し工場主は……唯来る盆切期に臨時手当を支給する位にて止め置かんと主張し相方融和せず……目下高野石動警察署長は相方を召喚し其意見を聴取し相当解決すべき様訓戒しつゝあり」（『北陸タイムス』8・7）

運動地	発生日	当日ノ概況	経過	新聞記事・現地調査等との差異
石動町	八月十六日		ノ群集ハ偶然ニアラスシテ役場派非役場派ノ町政上ノ軋轢ヲ加味シタルモノナリ	
東岩瀬町	八月十九日	其後平穏ナリ	同夜漁民妻女約百五六十名集合シ代表者ヲ立テ同町資産家ノ出捐方ヲ哀願シタルモ警察官ノ諭示ニ依リ穏ニ退散シ又同町漁民等約五十名同一目的ニテ集合シタルモ諭示ニ依リ何レモ解散シタリ	「上新川郡東岩瀬町にては十九日夜大町なる富豪馬場道久氏方へ約二百名の細民押寄せ異口同音に米価廉売方を嘆願せしかば同氏は金二千円の寄附を為す事を為せしが一方細民は寄付金希望せず白米一升二十五銭位の安価に販売あらん事を要望する者なりと益々強談せんとしたるが折柄巡査出張説諭を加へたるより不承〳〵翌朝二時頃に至り漸く退散せるが斯かる状況を聞知せる役場に於ては翌二十日井上町長は町会議員を召集し是れが救済方法に就き凝議したるが其結果左の救済法を決定せりと／戸数五分以下納税程度の家庭に対し内外米共（一升に付）相場より五銭宛を補助する事右二十一日より実行」（『北陸タイムス』8・22）。因みに、東岩瀬町戸数一、四七八のうち五分以下九九〇戸（人員五、四〇〇人）、東岩瀬町人口八、〇〇〇人という。
三日市町	八月十九日	不穏ノ模様ナシ	同日夜町有志約三十名集合米ノ相場ニ付運動方談合ヲ始メタルヲ以テ警察官ハ注意ヲ促シタルニ穏ニ退散セリ	「三日市町民集合ニ関スル報告」（『下新川郡役所資料』）「八月十九日午後十時頃三日市町民約五十名（大部分一戸未満ノモノ）同町天満宮社内ニ集合シ、町ノ救済方法ガ戸数割三分以下ノモノノミニ限レルハ不公平ナリ、三分以上ノモノモ均シク困窮セルモノニ付、是等ニ対シテモ相当救済ノ方法ヲ講ゼラレタキ旨当局ヘ申告スル協議ヲナシ居リシガ、警察ノ注意ニヨリ翌

午前一時退散セリ、右ノウチ主ナルモノ四、五名警察ト協議ノ上、昨二〇日警察へ召喚訓諭セリ」（法大「米騒動」の第一段階」）

※以下は富山県警察部の追加資料である。

哀願運動状況一覧表中左ノ通脱漏アリシヲ発見ニ付追加ス

運動地	発生月日	当日ノ概況	経過	私記（立花雄一） 新聞記事・現地調査等との差異
富山市	八月八日	平穏	同日午前九時頃富山市米成金蓮沼安太郎方へ富山市清水町特種部落細民婦女二十二名訪問シ救助方哀願シタルモ其ノ言動至極穏健ニシテ単ニ同一部落ノ者等一緒トナリ陳情ヲ為シタルニ過キサルナリ蓮沼方ニテハ左様ナル嘆願ハ市役所ニ申告スヘキ旨申聞セタル為細民婦女等ハ更ニ市役所ニ立寄リ事情ヲ陳述シテ穏当ニ任意帰宅シタルモノナリ 而シテ此ノ挙ニ出テタル動機ハ当日東水橋町魚行商人カ彼等ノ部落ヲ「魚イラヌカ」ト呼ヒ廻リシニ部落民ノ一人カ其ノ魚行商人ニ対シ「魚ヲ買フドコロカ米価暴騰ノ為飯モ食ヘラレヌ」ト云ヒシ所同行商人ハ「我水橋町ニ於	(1)「本日午前果然富山市に此事件を惹起せり即ち午前八時半富山市郊外清水村に一団を為せる新平民の男二名が先導となれる女軍十五六名の一隊は口々に生活難を喋々し乍ら富山市役所に到り市長に遇はして呉れと訴へ市長尚ほ昇庁前なる所より福村助役代りて此の一隊と会見し要領よく退散せしめたるに一隊は今度は富山で米の買占めをやる奴は蓮沼なりとて桜木町なる蓮沼安太郎氏の宅を襲ひ米価暴騰の苦境を訴へたるにぞ蓮沼方にては少からず狼狽し恐怖の念を抱き其由を富山署へ報じたるが富山署にては直ちに巡査出動解散を命じたるより何れも無事帰宅せるものの如くなるが尚ほ不穏の形勢あり富山署に於ても万一を慮り警戒中也」（『高岡新報』8・8） (2)「昨朝来又もや富山市内二十箇町に亘りて約百名の男女が引きも切らず市役所へ押かけ来り口々に其窮状を訴へて止まないので所内は時ならぬ騒擾を呈し」（『富山日報』8・13）あるいは「昨日までに市役所へ出頭したる窮民人数約六百名にして此町数約二十八町に達したる由」（『北陸タイムス』8・14）とあ

運動地	発生日	当日ノ概況	経過	新聞記事・現地調査等との差異
富山市	八月八日		テハ貧民カ町役場へ哀願シタル為救助セラル、事ニナリタリ聞ケハ当市ニハ蓮沼ト云フ人カ米ヲ沢山持ツテ居ル由其ノ家へ願ツタラヨロシカロウト煽動シタル為平素何事ニモ行動ヲ共ニスル特性ヲ有スル彼等ハ相提携シテ此ノ挙ニ出テタルヲ真相トス 富山警察署長ハ之等細民ノ誤解ヲ解カン為九日夜同部落民百七十余名ヲ招集シ平素彼等ノ帰依スル僧侶ヲシテ諄々トシテ軽挙妄動ニ出ツルコトナキヲ説カシメタルニ頑迷ノ彼等モ稍々感動シタル模様ニテ多少効果アリシモノト認メタリ	るように、各紙は競って、八月八日以後連日富山市の騒動を報じた。

附記

其ノ後毎日三名乃至五名ツ、市役所ニ出頭シ事《ママ》情述ヘテ哀願シタルモノアルモ毫モ不穏ノ言動ナシ

以上

尚其ノ他ノ詳細ハ別冊富山方面ノ部第四頁以下ヲ参照相成度候

〔引用者注〕右の追加資料中には、歴史的差別用語がつかわれているが、用語の変換や省略などはせず、研究資料としてそのまま用いた。

資料〔二〕-四

第四《ママ》、大正七年富山県下ノ所謂「米騒動」ニ関スル富山石川大阪ノ諸新聞記事一覧表

第四《ママ》、大正七年富山県下ノ所謂「米騒動」ニ関スル富山石川大阪ノ諸新聞記事一覧表

新聞名		富山日報	北陸タイムス	北陸政報	高岡新報	北国新聞	大阪毎日	大阪朝日
月	日／関係地方	関係地方	同	同	同	同	同	同
七月	廿三日			富山				
	廿四日	魚津	魚津					
	廿五日	魚津	魚津					
	廿六日	魚津						
	卅一日		東岩瀬					
八月	四日				水橋		高岡	
	五日		泊		水橋 四方	水橋	水橋	
	六日				水橋 滑川			魚津 水橋
	七日	一般 魚津 生地	一般	一般	滑川	滑川		水橋 滑川
	八日		魚津 滑川	一般	泊 富山		水橋 滑川	水橋 滑川
	九日	富山	泊 滑川 富山	富山	一般 魚津 生地 滑川	滑川 富山		
	十日	滑川		一般 四方	滑川	滑川	泊 四方 滑川	滑川
	十一日	富山	魚津 富山	泊 富山	泊 滑川			滑川
	十二日	富山		富山	一般			魚津
	十三日	一般 富山	一般	一般 富山				
	廿日				一般			

〔注意〕 別冊「新聞記事評」参照セラレタシ

資料〔二〕-五

所謂「米騒動」ニ関スル新聞中特ニ注意ヲ要スル記事一覧表

所謂「米騒動」ニ関スル新聞中特ニ注意ヲ要スル記事一覧表

発行月日	新聞名	題目	批評	署	頁
七・二四	北陸タイムス	生活難襲フ 猟師町役場へ嘆願	米ニ付哀願運動ニ関スル最初ノ記事 此ノ題目丈ハ真相ヲ紹介シ得タルモノト認ム	魚津	三
七・二五	北陸タイムス	一揆米屋ヲ襲フ	「一揆」ナル字句ノ使用ハ之ニ始マル、其ノ内容中「竹槍で突殺す」云々ノ記事アリ	同	五
七・二六	富山日報	魚津細民—鎮静＝救済法ロ漸ク諒解ス	穏健	同	九
八・四	高岡新報（夕刊以下同シ）	女軍三隊ニ分レ有志及米屋ヲ襲フ	虚構誇張且煽動的記事ナリ、同新聞社ノ特色発揮ノ第一ページナリ	水橋	一
八・五	北国新聞	女房連三隊ニ分レテ訴フ（高岡電話）	高岡新報社ニ誤ラレ虚構誇張且煽動的有害記事ヲ掲クルニ至レリ	同	三
八・五	大阪毎日	女一揆起ル、有力者ヲ脅迫シ米屋ヲ襲ヒ警官ニ抵抗シ負傷者ヲ出ス（高岡来電）	高岡来電ノ虚報驚クニ堪エタリ 後日大阪神戸其ノ他同新聞ノ盛ニ頒布セラルル地方ニ此ノ記事以上ノ事件ヲ実現セシムルノ効果アリシコトノ責ヲ免ルヘカラサルヘシ	同	一〇
八・六（五日夕刊）	大阪朝日	米高ニ堪エ兼ネ女房連ノ一揆（高岡電報）	打電者ノ想像的記事ヲ軽率ニモ一ト度此ノ大新聞ニ掲載シタル以上大阪毎日新聞ト相待《ママ》ツテ後日関西地方ノ米騒擾煽動ノ因ヲ為シタルノ責ヲ甘受スヘキナリ	同	一二

八・五	高岡新報	□女一揆東水橋ニモ起リ大不穏―□太鼓合図ニ今夜再襲	舞文曲筆、流言蜚語ヲ流布シ遂ニ隣接滑川町民ヲ刺激煽動スルニ力アリシヲ認ム	同	五
八・六	大阪朝日	女房一揆拡大ス、米店ノ戸障子ヲ破壊ス（高岡電話）	例ニヨリ（高岡電話）ノ虚報ニシテ器物破毀及暴行ノ事実全クナカリシヲ真相トス	同	一三
八・六	大阪朝日	女房連ノ示威運動＝三百余名三隊ニ分レテ＝始メハ懇願シ後ハ脅迫＝（高岡発）	「三隊ニ分レ」ト云フガ如ク組織的ナルニアラズ「後ニハ脅迫」ト云フ記事ニ相当スル事実ナシ高岡発トアルヨリ推セバ書面通信ナリト認ム、通信員ノ低級軽卒驚クノ外ナシ	滑川	一
八・六	高岡新報	滑川ニモ今暁零時ヲ合図ニ活動	事実無根 但該記事ノ内容ニハ真相ニ近キモノアリ	同	一
八・七	北陸タイムス	米騒キニ就キ県当局弁スラク女一揆ト当局＝救済法ハ副業奨励生活難ヲ叫フ者ヨリ弥次女カ多イ、米高ト漁民妻子ノ蜂起之レ平素ノ怠慢ニ因ルモノ、須ラク副業奨励ノ必要アリ	高岡新報ガ八月四日以後毎日猛烈ナル記事ヲ掲クルニヨリ（当局ノ注意警告アルニ拘ラス）同時ニ警告ヲ受ケタル富山ノ三社県政記者打揃ヒ高等警察主任ト懇談ノ結果当局ノ談トシテ描出シタル記事ナルガ各々着想穏健用語亦着実、後日ノ煽動的記事ニ比シ雲泥ノ差アリ	一般	一
八・七	富山日報			一般	三
八・七	北陸政報			一般	五
八・七	北国新聞	越中女一揆 又復滑川ニテ警察隊ト衝突シテ大口論（高岡電話）	事実ナシ、捏造説ヲ流布シ、誇張且煽動的記事ヲ以テ飾ルモノト云フヘシ高岡電話ノ虚報恐ルヘシ	滑川	五
八・七	高岡新報	□悽愴ナル漁民ノ声㈠特派員、□生活難ヲ絶叫セル二	特派員ハ奥井社員ナリ、其ノ観察不当ノモノ多シト認ム、社会ノ木鐸ヲ以テ任スルニハ余リニ恥多キモノトス、大活字ヲ濫用シテ	同	一三

発行月日	新聞名	題目	批評	署	頁
		千名ノ集団警官郡長等ノ鎮撫効ナク云々	無稽且誇張ノ記事ヲ満載シ、以テ公安ヲ紊ルモノト認ム	同	一七
八・七	大阪朝日	□女房軍愈々猛ル（高岡電話）	内容ハ誤謬多ク誇張無稽且煽動的記事タルヲ免レズ高岡電話ノ虚報忌ムヘシ	同	七三
八・七	大阪朝日	□米積込ミテ騒ク女一揆（高岡発）	虚構誇張且煽動的記事、高岡発信スルニ足ラズ	水橋	二四
八・八	大阪朝日	女一揆警察署ニ押寄ス「活キルカ死ヌカノ境目ダ監獄へ行ク方ガマダ幸福」（高岡電話）	之レ又（高岡電話）ノ誤伝ナリ	同	二九
八・八	大阪毎日	女一揆大挙シテ警官ノ不法ヲ詰ル、首謀者ノ検挙ニ騒出シ警察ト派出所ニ殺到（高岡来電）	全然無稽ノ事タルニ拘ラズ之ヲ掲ケタルニ煽動的ノ試ミト云フヲ得ヘシ、蓋シ虚報者タル高岡来電ニ誤ラレタルモノナルヘシ	同	二六
八・八	大阪朝日	遂ニ二千ノ集団、大道演説中ノ郡長ニ「叩殺セ」（高岡電話）	「叩殺セ」ナル暴言ヲ吐キタル者ナシ、虚報子（高岡電話）ノ捏造ニカカルモノト認ム	滑川	三三
八・八	大阪毎日	□今度ハ男子ガ蜂起滑川全町ノ男子二千名米商ヲ襲ヒ郡長警官等ト衝突ス（高岡来電）	「高岡来電」ノ無稽ヲ伝フルコト驚クニ堪ヘタリ何レ低級ノ通信員ガ碌々調査セスシテ報酬関係等ヨリ軽卒ニモ斯クノ如キ不穏有害ノ通信ヲ為シタルモノト認ム	同	三七
		□一揆益々暴廻ル、米ノ発		同	三九

		送ヲ押ヘ郡書記ヲ殴ツテ川中ヘ投込ム（高岡来電）			
八・八	北陸タイムス	女群押寄ス	内容ヲ検スルニ「巡査下駄ニテ殴ラレ」云々ト警官ニ反抗スルコトヲ煽動シタル如キ記事ヲ掲ケ無稽ノ報導ヲ為ス	同	二五
八・九	北国新聞	女軍一揆富山ニ飛ブ（富山電話）	富山ノ住民ニシテ誰レカ一揆ノ事実ヲ認メタル者アラン、而カモ此ノ新聞記事ヲ見テ戦慄シタル者幾何ナルヲ知ラサルナリ	富山	七
八・九	北陸政報	女軍一揆富山ニモ起ル		同	二一
八・九	富山日報	細民ノ哀訴、軽挙盲動ハ却ツテ不利益、真ノ窮民ヲ救済ノ必要	前ニ新聞ト同一事実ヲ伝フルモノナルモ記事穏健且指導的ナリ	富山	一七
八・一〇	北国新聞	滑川ノ一揆再燃、内容中「晒屋川附近ノ寺ノ鐘ガ響キシ時ハ金川宗左ヱ門方ヲ襲フベシ」云々ノ記事アルモノ（富山電話）	金沢ニテ十日ノ晩真夜中（十一日午前一時迄）警鐘ヲ乱打スル痴漢ヲ実現セシムル丈ノ効アリシト認ム	滑川	五一
八・一〇	大阪毎日	滑川ノ一揆又モ火ノ手ヲ揚グ（高岡来電）不穏ノ説頻々ト流布サレ警察ハ応援巡査デ大警戒	警察ガ警戒ヲ厳ニシタルハ不穏ノ説頻々流布セラレタルガ為メニアラスシテ他ニ必要アリシ故ナリ（状況一覧表八月八日滑川ノ部参照）然ルニ通信員ハ軽卒ニモ誤判シテ無稽ノ報導ヲ為シタルモノト認ム	同	五三
八・一〇	富山日報	真ニ生活難カ、滑川女一揆ノ裏面	真相ヲ報導シ得タリト認ム	同	四八

発行月日	新聞名	題目	批評	署	頁
八・一〇	大阪朝日	不可能ノ女房連（滑川ニテ特派員）	記者五十嵐太十郎ハ流石ニ大新聞ノ特派員タルニ恥チズ先ツ当路及窮民ニ直接シテ実際的ノ探訪ヲ試ミ、而シテ公平穏健ナル着眼ニヨリ運筆通信ス之ヲ八月七日高岡新報特派員ニ比スレバ社会ノ木鐸トシテ任スヘク両者間ニ雲泥ノ差アルヲ認メサルヲ得サルナリ	同	五五
八・一一	大阪朝日	昨今ノ滑川町（滑川発）		同	六七

〔註〕　八・七『高岡新報』箇所は、検事吉河光貞『所謂米騒動事件の研究』中では、八・七『大阪朝日』の次箇所にある。

資料〔二〕―六 関係諸新聞差押一覧表

関係諸新聞差押一覧表

差押月日	新聞名
八月一日	北陸タイムス
同　二日	高岡新報
同　七日	高岡新報
同　十四日	大阪朝日新聞
同　十五日	北陸政報　北陸タイムス
同　十六日	北国新聞
同　十八日	大阪朝日新聞
同　十九日	北陸政報　北陸タイムス
同　二十日	北陸政報

備考　七日迄ハ富山県下ノ米問題ニ関スル記事ニ付差押処分ヲ受ケ十四日以後ハ十五日ノ北陸政報ヲ除クノ外ハ他府県下ノ米問題ニ付処分セラル。

資料〔二〕-七 滑川町ニ於ケル激越不穏言動者（十一名）陳述要旨

滑川町ニ於ケル激越不穏言動者（十一名）陳述要旨

滑川町戸主平民売薬行商
岩城省吾
当三十一年

（申立要旨　金川ヲ憎ム理由）

一、誰言フトナク先月米ガ一石三十円ニナツタ時ニ金川宗左ヱ門カ富山カラ沢山ノ米商人ヲ連レテ来テ米ヲ一石三十八円ニ買込ンデ居ルト言フ評判ヲ聞イテ実ニ金川宗左ヱ門ハ悪イ奴テアルト思フテ居リマシテ彼ノ為ニ滑川町ノ大勢ノ人々ガ弱ルト思ウテ憎ウテ堪リマセヌ処ヘ五日ノ晩カラ町ガ騒キマシタノデ私モ出ネハ町内ニモ申訳ハナイト思フテ居リマシタカ妻ガ病気ノ為六日モ出カネ七日ハ町内ノ義理立テニ午后十時過キ家ヲ出テ金川宅ニ行キ私ハ金川ノ為メニ我々初メ滑川町ノ者カ高イ米ヲ喰ハネバナラヌ滑川町ニ居ツテモ得ノナイ奴ヤ効能ノナイ奴ヤト高声ニ言ヒマシタ。

滑川町戸主平民鉽力職
蜷川徳次郎
当三十三年

（申立ノ要旨　八月六日ノ実況）

一、六日ノ晩午后九時頃家ヲ出テ私ハ金川ノ家ニ行キマシタラ其ノ時ニ約千人許リ人ガ押寄セテ居リマシタ之ヲ分ケテ行クト金川ノ息子サンカ居ルカラ之ニ対シ米ヲ安クシテ呉レト頼ミマシタガ明日齋藤仁左ヱ門ヤ米肥会社ヘ町会議員方ト協議シテ何トカスルト言ツテ安クシテヤルトモ言ハレナンダ故私ハ是非安クシテ貰ハネハ困ル背ニ腹ハ替ヘラレヌト強ク頼ミマシタ。

私ハ町ノ米屋ガ四十一銭（一升宛）ニ売ツテオル白米カ四十五銭ニ売ルト言ツタト言フ風説ヲ聞イテ居リマシタノデ米ガ高クナリマシタノハ金川カシタ事ト思ヒマシタ故ニ夫レデ是非共安クシテ呉レト強ク言ツタノデアリマシテ強ク言ヘバ安クナルト信シテ居リ又米カ高クテハ私等カ生活シテ行クコトガ出来ヌ故夫レデ無理ヤト思ヒナカラ強ク言ツタノデアリマス。

滑川町会社被雇人
専　光　直　兄
当　二十五年

（申立要旨　一、生活状態　二、夕涼中雷同シタル事情）

一、私ハ家族四人（実母やい当五十才　妻よし当十九才　妹きよ当二十才）、デ妻ト妹ハ藤表ヲ編ミ月計五六円ヲ儲ケマス私ハカーバイト会社ニ雇ハレ一円五十銭ノ日給ニ一日七銭宛ノ手当ヲ貰ツテ居リマス、私ハ借家住デ一ヶ月四円五十銭ノ家賃ヲ払ヒマスカラ中々生活困難デス分限等差ハ四分カ五分デアリマス

二、六日午后十二時頃私ハ私方宅前道路ニ涼ンテ居リマシタ処ガワイ〳〵人声ガ致シマスノデ何事カト思ウテ町役場ノ方ヘ行キ、ソレカラ人々ガ金川宗左ヱ門方ヘ安イ米ヲ売ル様ニシテ呉レト頼ミニ行カレタモノデアルト言フコトヲカネテ聞イテ居リマシタカラ私モ帰リマシタ七日午后九時自宅前ニ居リマシタ処ガ約十七八名ノ女ガ米ノ値

段ガ高イカラ沢山金ヲ持ツテ居ル金川宗左ヱ門ヘ行ツテ安ク売ツテ呉レル様頼ムマイカト言ツテ通リマシタカラ私モ其ノ人ニ連レ立チテ金川方ヘ行キ私ハ安イ米ヲ売ツテ呉レト大声デ八回計リ申シマシタ

滑川町戸主漁業
菰　原　作　次　郎
当　四十六年

（申立ノ要旨　一升二十五銭説主張）

一、私ハ十九才ノ時窃盗罪デ二ヶ月監獄ヘ這入リマシタカ其ノ外ニ処分ヲ受ケタ事ハアリマセン

二、私ハ七日夜九時過ギニ米ノ値段ヲ安クシ貰フ様ニ頼ム心算デ余川〔金〕宗左ヱ門方ノ前ニ行キマシタ処何百人ノ人ガ黒山ニナツテ一諸〔緒〕ニ騒グト言フ様ナ風デアリマシタモノ故警察ノ御方モ一生懸命デ騒カヌ様ニシテ早ク帰ツタ方良カロートト注意シテ居リマシタケレドモ私モ実際其ノ日ノ生活ニ困ツテ居リマシタモノ故大勢ノ中ニ居ツテ「米（白米ノ価）ヲ一升弐拾五銭ニシテ貰ハネハ喰フ事ガ出来ヌノジヤ」ト二、三度言ヒマシタガ夫レガ為他ノ人達モ「賛成ジヤ」トカ言ツテ居ラレタ

滑川町戸主荒物商
平　井　政　次　郎
当　三十六年

（申立要旨　一、生活状態　二、雷同　三、二十五銭説賛成者）

一、私ノ家ハ家族七人デ戸数割八分掛ケテ居リマスケレドモ実際生活困難シテ居ルノデアリマス

二、私ハ七日夜店先ニ居リマシタラ沢山ノ人ガ私ノ前ヲ通リテ行カヌカト誘フテ行カレマシタモノ故自分モ遂ニ安イ米ヲ喰イタイト思ツテ余〔金〕川宗左ヱ門方ノ前ヘ行ツタノデアリマス　実ハ私ノ家ニモ南京米ト内地米ト半分交セニシテ喰ツテ居リマスガ小供ハ腹ガ痛イト言ヒマスモノ故ドーカシテ良イ米（内地米）而已ヲ安クシテ貰フテ喰ハセタイト思フテ出タノデアリマス

三、其ノ処テ私モ沢山ノ人ト何程ニ安クシテ貰フカト話シテ居リマシタ所一升二十五銭ニシテ貰ハネハナラヌト言フタ人ガアリマシタモノ故自分モ夫レニ賛成ジヤト言フテ居ツタノデアリマス

滑川町戸主活版職
若　林　謹　次　郎
当　三十一年

（申立要旨　一、生活状態　二、両日押掛ク）

一、私ハ戸数割二分ヲ負担シテ居リマス家族ハ私ト母ト妻ト弟三人トノ六名デアリマシテ妻ト母トハ売薬袋ヲ拵ヘテ二人ニテ五六円ヲ儲ケマスノト私ト弟二人ガ活版職ヲ為シテ居リマスルガ米価騰貴致シマシタ為ニ生活頗ル困難デアリマス

二、私ハ七日夜及六日夜トモ金川方前マデ行キマシタガ金川方ノ人ニモ遭ハズ又「安イ米ヲ売ツテ呉レ」ト称ヘハ申シマセズ沢山ノ人達ハ「安イ米ヲ売レヨ」ト大声デ言フテ居リマシタ。

滑川町戸主平民建具職
後備役輜重輸卒　中　島　與　一　郎

当　三十四年

（申立要旨　一、生活状態　二、危険性ノ言辞）

一、私ノ一家ハ私ト妻ト長男次一当五ツト三人暮而シテ私ハ建具職ヲシテ一ヶ月二十五円余リ取リマス又妻ハ藤表ヲ編ミテ一ヶ月三円余リ取リマス故ニ米一升四拾銭シテヾモ喰フテ行クニ差支ハナイノデドウカコウカヤリテユケマス

二、七日ノ晩私モ行ツテ米ヲ他ヘ出サヌ様ニスレバ幾分安クナルト思フテ午後ノ九時過ギニ家ヲ出テ金川宗左ヱ門ノ前ニ行キマシタ、尤モ向ノ吉見庄吉サント前ノ往来デ吉見サンガ米ガ高クナルシ皆ガ騒グ故ニ金川ノ前ニ行クマイカト言ハレタ故ニ一所ニ行キマシタ

而シテ私ハ「金川ノ野郎米ヲ高クスルノモ貴様ヤ夫レデ（ツンバ）ニナル」ト色々声ヲ高ク八釜シク言ヒ乍ラ私ハ其ノ群ガル人ヲ押シ分ケテ金川ノ玄関ニ這入リテ「戸ヲ開ケ」ト大声テ私ハ怒鳴リマシタ又他ノ人等モ口々ニ「戸ヲ開ケ此ノツンバ（金川宗左ヱ門ノ父ハ跛ナルヲ以テ斯ク言フ）恐ロシクテ開ケラレマイガ」ト怒鳴ツテ居リマシタ故ニ今申シタ通リ私モ五六回続イテ「戸ヲ開ケ」ト怒鳴リマシタラ「シトミ」ノ戸一枚揚ゲラレマシタスルト後ノ方カラ押シマシテ倒レタ人モアル様ニ思ヒマス、夫レカラ私ハ其ノ処ニ居リマシテ「金川ガ七日ノ晩カ狐《マ》巣《マ》リト軽便鉄道カラ米ヲ沢山本線（院線鉄道）ヘ出シテ他ヘ送ツタト言フコトデ之ヲ見タ者モアル《ママ》」ト言ヒマシタ。

又「魚津　モ竹槍ヲ持チテ出タト言フコトデアリ東京モ竹槍ヲ持チテ出タト言フコトデアリマス故ニ竹槍ヲ持チテ出レバヨイ」等トモ言ヒマシタ（中略《ママ》）私ハ沢山ノ人ニ向ツテ署長サンガ之レ程ニ言ハレル故ニ間違ツタコトハナイト思フ若シ之ニ間違ツタラ君等ハ竹槍ヲ持チテ出テ勝手ニスルガヨイ《ママ》」ト言ヒマシタ

滑川町戸主売薬行商
桜　井　佐
当　二十一年

（申立要旨　強談）

私モ六日夜十時過ギニ金川方へ行キマシタ最初暫ク前ニ居ツテ米ヲ安クシテ貰ハネバ喰フコトガ出来ヌト言ツテ居リマシタケレドモ其ノ中ニ金川方ノ店ニ這入リ込マシテ「是非米ノ値段ヲ安クシテ貰ヒタイ」ト言ツテ居リマシタ

然ルニ外ニ居ラレタ沢山ノ人ハ「早ク返事セヨ」トカ「貼紙ヲ出セ」トカ言ツテ居ラレマシタノデ私モドーデモシテ安クシテ遣ルト言ハル、コトヲ聞イテ皈《ママ》ラウト思フテ頼ンデ居タノデアリマス

尤モ其ノ間ニハ警察ノ方方ノ注意モアリマシタケレドモ自分一人デモナカッタモノ故遂ニ署長サンガ来テ話ヲセラレル迄金川方ニ座リ込ンデ居タ様ナ次第デアリマス。

滑川町平民日稼
元輜重輸卒勲八等　桶　川　庄　次　郎
当　三十六年

（申立ノ要旨　威迫）

一、私ハ六日ノ晩午后九時頃ニ町内ノ佐藤作次郎当二十五六年石川常次郎当四十一年位トヲ誘フテ騒イデ居ル金川宗左ヱ門ノ前ニ行キマシテ金川ノ内（庭ノコト）ヘ這入リテ「金川ガ米ヲ買ヒ込ム故ニコウ米ガ高クナルノデアル我々ガ米ガ高クナツテ弱ルノモ貴様ノ為デアル」ト大声デ言ヒマシタソシタラ巡査サンガ「出イ」ト言ハレマシ

タ出マセナンダラ其ノ中ニ署長サンガ来ラレテ演説ヲセラレタ故ニ之ヲ聞イテ内ヘ戻ツタノデアリマス。

滑川町荷車挽
稲垣政次郎
当二十七年

（申立要旨　強談威迫）

一、私ハ二十一才ノ時賭博罪ニテ一ヶ月監獄ヘ這入リマシタソシテ其ノ時罰金五円ノ処分ヲ受ケマシタ

一、八月六日夜九時頃金川宗左ヱ門方ノ店先ニ掛ケテ「主人ガ居ラルレハ米ヲ安ク売ツテ貰フ様ニ頼ミ度イカラドーカ出テ下サイ」ト申シテ居リマシタサレド「主人ガ不在デアルカラ今此処デ直ク安ク売ルト言フコトヲ定メル訳ニ行カヌ」ト言フテ居ラレマシタ。

滑川町仲仕業
伊藤栄次郎
当二十年

（申立要旨　一、過激ノ威迫　二、煽動）

一、六日晩午后十時頃ヨリ金川方ヘ沢山ノ人カ「米ヲ安クセイ」ト言ツテ押掛ケテ居ルト聞イテ私モ出掛ケ金川方ノ内ノ中（庭ノコト）ヘ這入リマシタ実ハ沢山家ヘ押掛ケレバ金川ハ恐ロシウナツテ米ヲ安クスルト思ヒマシタカラ這入ツタノデアリマス　此ノ時判ラヌ人々七八十人モ内ヘ這入ツテ居リマシタ　其処デ私ハ「米ヲ安ウスル張紙ヲ出セ張紙ヲ出セ」ト怒鳴リ「張紙ヲ出サネハ川中ヘ敲キ込ンデ殺シテヤル」ト三、四回許リ申シマシタ。

〔金〕余川宅前道路二間ヲ出レバ一間計リノ溝渠アルヨリ「川中ヘ」ト言ヘルナリ

二、私ハ七日午后八時半頃ヨリ又行キマシタ一人デモ大勢ニナレハ金川ガ弱ロウト思フノデ私ハ来ル者ヘ「金川ヘ行ケ行ケ」ト言ツテ人ヲ誘ウテ居リマシタ処山田ト言フ旦那サン（巡査ノコト）ガ警察ヘ来イト言ハレ一所ニ来マシテ暫クシテ返サレタカラ途中又金川ノ前ヘ行キマシタ。

資料〔二〕-八

第八《ママ》、高岡新聞〔報〕社主筆井上忠雄ノ本件ニ関スル思想（八月廿日高岡新報所載）

第八《ママ》、高岡新聞〔聞〕社主筆井上忠雄ノ本件ニ関スル思想（八月廿日高岡新報所載）

越中窮民の為さしめたる記者大会の決議

札幌に於ける全国記者（中略）大会の問題は米価を平準価格に復せしむへく政府を鞭撻することを主眼とし刻下の緊急的社会問題を携へる為固より一人異議者も無く米価騒動の狼煙地となれる富山県よりの出席者として私は百方より「君のところが騒動の元祖だつてね」などと種々質問的談話を試みられるので之が応答に忙殺した。去る九日上野直行列車のうちに於て我社本多君の知人なる在横浜の某君（郷里出身）と同車したるが某君は水橋滑川等に於ける窮民（1）（一揆の報導）は富山県の恥辱である富山県民の意苦地無きことを天下に公表するものであるとの意見であつた（2）彼の著大の事変をして成るべく新聞紙上に現はしめざるべく手段を尽せし富山県の官憲等は某君の意見を双手に挙《ママ》げて迎へるであらう　然し乍ら私の決して夫れを恥辱と感せざりし所以のものは我が社会全般に生活難の恐るへき圧迫が加はりつゝあることを確認したからである。現に全国の騒擾は今ま夫れを明かに証明せると共に富山県民を意苦心無しと思ふ者は一人も無くなつたではないか（3）否記者大会をして斯ふした有力の決議を為さしめたものは富山県の窮民騒動であると言ふことが出来る　私は大会に於て百方より最初の動機の顛末を質問せられ水橋滑川に於ける（4）比較的

評

(1) 好ンデ（一揆の報導）ナル文字ヲ使用スルモ右ハ一揆騒動ノ類ニアラスシテ穏和ナル窮民集団ノ行動ナルコトハ筆者自カラ（4）ニ於テ是認シ居ル処ニシテ同一論文中前后矛盾シタル記事ヲ掲ケアルヲ認ム

(2) 「著大ナル事変ヲシテ成ヘク新聞紙上ニ現ハレサルベク手段ヲ尽セシ富山県ノ官憲ハ」云々ノ記事ハ人ヲ誣エルノ甚タシキモノナリ県当局ハ事実ヲ事実トシテ報導スル穏健ナル筆者ヲ歓迎スルモノナリ然レトモ筆者自ラ穏和ナル窮民ノ集団ナルコトヲ是認シナカラ恰モ一揆暴動ノ蜂起シタルガ如キ無稽誇大ノ煽動的記事ヲ掲ケ其ノ波及スル所ヲ顧慮セザル無責任ナル記事ニ対シ之ヲ掲ケシメサルヘク努力スルハ官憲当然ノ責務ナリ

(3) 米価ヲ平準価格ニ復セシムヘク政府ヲ鞭撻スルノ決議ヲ為シタルコトノ可否ハ別トシテ「記者大会ヲシテ斯ウシタ有力ノ決議ヲ為サシメタルモノハ」全国各地ニ一揆暴動ノ起リタルカ為ナリ然シテ之ヲ起サシメタル動機ハ富

穏和なる窮民集団の行動及之に対する各町の救済的処置等に就て説明者の地位に立つことを少しも恥かしく思はなかつた　而して大会の決議は取りも直さす富山県の窮民が為さしめたるものであると考へ此種の会合に有り勝の形式的無意味の決議に同意するやうな冷淡の感情と態度とを以てすることが出来なかつた。下畧

（在札幌主筆より）

山県窮民ノ騒動ナリ故ニ之ヲ誇大ニ吹聴シタル筆者ハ決シテ夫レヲ恥辱ナリトハ感セスト称シテ暗ニ其ノ功ヲ誇レル体ノ思想ニハ驚嘆セサルヲ得サルナリ。

（第二）

越中女一揆

（米騒動）

〔特高課巡査部長和田豊次郎所持〕

越中女一揆

一、所謂越中女一揆ハ大正七年夏米価暴騰ニ際シ富山県細民女房連ガ一群トナリ蜂起シタルヲ発端トシテ全国三府二十五県ガ忽チニ恐ルベキ暴動化シタルヲ謂ナリ

一、従来富山県ハ米ニ関スル紛擾ハ概ネ漁町ニ多ク米価ノ騰貴ヲ見ルハ七、八月頃ヨリナリ　其ノ時期ハ魚ノ切レ目デ左程収入ナク又出稼ノ主人及家族ヨリ送金ノ無イ月デアツテ夫レヲ鍋破月ト称シ米価騰貴セバ忽チニ留守ノ女房連ガ生活難トナリ米ノ輸出ヲ阻止シ又ハ救助ヲ哀願スルニアリ

一、富山県下ニ於テ米ニ関スル紛擾ハ明治二年ヨリ仝四十五年迄四十四年間ノ内二十一年ニ亘リ其ノ関係団体ハ四十七集団ニ達シ之ガ原因ハ概ネ凶作其他ニ依ル米価騰貴並ニ不漁等ニ依リ細民ノ生活困難ヲ生ジタルニ依ル

一、単ニ多数集団ガ富豪町村役場等ニ救助ヲ哀願シ又米ノ輸出ヲ阻止セムトシテ米商及倉庫ニ押寄セタルモ暴動ニ至ラザリシモノ三十七集団ナリ

一、富豪米商倉庫等ニ押寄セ暴行脅迫ヲ為シ家屋等ヲ破壊シ暴動トナリタルモノ拾集団ナリ

一、右四十七集団ノ内女子ノミハ二十二集団ナリ男子ノミノモノ十一集団男女混合ノモノ十四集団ナリ

一、家屋等ヲ破損シテ暴動トナリタル内ニ女ノミノモノ二回、男子ノミノモノ四回、男女混合ノモノ四回ナリ

一、右ノ内明治四十五年ハ米価騰貴ニ付キ滑川町外七ヶ市町村細民ハ役場及有志ニ救助方嘆願シ又滑川町細民女房連二百名集団トナリ仝町米商金川宗左ヱ門方ヘ輸出米ヲ阻止セムトシテ示威運動ヲ為シタルガ有志者間ニ種々善後策ヲ講究中ナレバトテ諭示スル者アリタル為解散シテ無事ナルヲ得又警察官ノ諭シニテ解散セリ　其ノ当時ノ新聞紙ハ右事実ヲ一般ニ対シ警告的意味ノ報導ヲ為シタル為他ニ悪影響ナカリシモノナリ

一、大正七年夏ハ前年凶作ノ上ニ米商人ガ買占ヲ為シタル七月上旬ニ一升二十銭内外ノ米ガ七月十日頃ヨリ騰貴シ初

メ八月七、八日頃ニ至リ四十五、六銭ニ暴騰シタルモノナリ。仝年七月二十二日夜下新川郡魚津町漁師ノ女房連三、四名ガ共同井戸端デ米価ノ暴騰ハ米ヲ輸出スル為ナリ。明日輸出セヌ様哀願スベシトノ話ガ纏リ廿三日午前八時三十分頃四十五、六名ノ女房連ガ魚津海岸ニ集合シ輸出ヲ阻止セントシタルヲ警官ニ於テ制止退散セシメタルガ其ノ事実通リ翌二十四日ノ「北陸タイムス」ニ依リ報導サレタリ其ノ翌廿五日再ビ夫レヲ仝「タイムス」ガ「一揆米屋ヲ襲フ」ト題スル記事ヲ掲載シ（「一揆」ナル字ハ是レガ最初）其後七月廿七日東岩瀬町八月二日泊町ノ細民ガ二十名乃至三十名一団トナリ町役場等ニ救助方哀願セントシタルモ懇諭ニ依リ解散セシメタリ　八月三日午後八時三十分頃中新川郡西水橋町細民婦女等約百五十名集合シテ仝町富豪石金長四郎　藤木治郎平方宅前ニ至リ

㈠　米ノ輸出ヲ為サヾルコト
㈡　米ヲ廉売セラレタキコト

ヲ哀願シ平穏ニ解決シタルヲ翌四日高岡新報ハ「女軍三隊ニ分レ有志及米屋ヲ襲フ」ト題スル内容虚構誇張且煽動的記事ヲ報導シ又其翌日五日大阪毎日新聞（高岡来電）ニ「女一揆起ル　有力者ヲ脅迫シ米屋ヲ襲ヒ警官ニ拒抗シ負傷者ヲ出ス」トノ虚報アリタリ　之ヲ以テ全国的ニ報導ノ始メトス

一、滑川町ニ八月五日午後九時三十分頃最初漁夫ノ女房連五十名集合シテ富豪齋藤仁左ヱ門　金川宗左ヱ門方宅前ニ至リタル時ハ其数三百名ニ達シ警官ノ懇諭ニ依リ十一時三十分頃退散セルヲ大阪朝日新聞ハ「女房連ノ示威運動三百名三隊ニ分レ　始メハ懇願後ハ脅迫云々」ノ報導ヲ為シ、地方新聞（高岡新報ヲ除ク）全部ハ穏健ノ報導ナリキ、夫レハ高岡新聞《ママ》ハ米ニ関スル報導ガ他ノ新聞ヨリ遅レル為八月四日ニ至リ誇張的煽動的報導ヲ自ラ快ナリトシテ大阪方面ニ虚報シタルモノナリ

一、六日午後二時ヨリ米商金川宗左ヱ門方前ニ蜂集《ママ》シタル男女千名ハ喧噪ヲ極メタリ剰ヘ郡長ノ慰撫的演説ニ対シ罵

言冷笑ヲ為シ翌午前一時ニ至リ警察署長ノ熱烈ナル慰撫的懇諭ニ依リ一先ヅ退散セリ

一、七日午後八時三十分ヨリ金川宗左ヱ門方門前ニ集合セル男女六、七百名ハ前日同様不穏ヲ極メ金川ヲ罵ル者或ハ後方ヨリ小石ヲ投グル者アリ

一、八日滑川町女房連ハ仲仕業者ニ嘆願シ一日休業セシメ米ノ積出シヲ不能ナラシメタリ　此所ニ於テ午後二時ヲ期シ滑川署ニ町民三十名ヲ警察犯処罰令ノ強談威迫トシテ一斉ニ召喚取調タルニ町民ハ反抗的気勢ヲ挙ゲ　警察署前ヲ始メ金川宗左ヱ門前等ニ集合示威運動ヲ為シ形勢険悪トナリシモ　五十名ノ応援巡査ノ外　警察部長、警務課長来滑シテ其ノ警戒厳重ナリシ為メ乱行ニ出ヅルノ機会ヲ得ズ午後七時解散スルニ至リタルヲ大阪朝日新聞ハ「今度ハ男子ガ蜂起　滑川全町二千名米屋ヲ襲フ　郡長、警官ト衝突一揆益々暴レ廻ル　米ノ発送ヲ押へ　郡書記ヲ川中へ投込ミ」（高岡来電）ノ虚報ヲ為シタル為全国ニ於テモ米価暴騰デ困リ居ル矢先此ノ如キ虚報ノ刺戟デ翌九日和歌山県愛知県ニ恐ルべキ暴動トナリ　其レヨリ全国三府四十三県ニ瀰蔓《ママ》シタルモノナリ

一、虚報ヲ為シタル高岡新報社主筆井上忠雄ハ仝年八月廿日ニ仝新聞所載ニ富山県ヨリ発端シテ全国各地ニ一揆暴動ノ起リタルハ富山県ノ恥辱トハ感ゼズト暗ニ其ノ功ヲ誇レリ

（第三）

本県ノ米騒動事件

富山署巡査　高橋勝治所持

本県の米騒動事件

富山署　高橋巡査

本県は夏期になれば必ず米価が暴騰する　此の原因は夏季は漁猟尠く　男は出稼に行き随つて金の収入なく之は殊に漁村に多いのである故に昔より通称鍋割れ月と称してゐる。

夫れで漁民等の思ふには、県内の米を他府県に輸出するからだ、故に共に輸出を禁止するにありと輸出禁止策にかゝつたのである。

米穀の輸出禁止は中御門天皇享□四年三月十七日加賀藩は禁止したるを始めとし光格天皇享和元年正月三日　魚津、岩瀬両港の輸出米を調査せしめられ輸出米を減せしめたる事あるが　当時岩瀬港と松前江差間、魚津港江差間　と旺に取引し　又生地の台場と朝鮮釜山間とも又遠くは和蘭とも交易し　輸出米を出したのであるが強い交易禁止の制定が出され密に輸出したのである。

大正七年　七月二十二日　夜県下下新川郡魚津町の猟師町の共同井戸端にて三、四人の妻同志、明日米の輸出をせぬ様に歎願致さうと申合はしたのは　最初の導火線となり　七月二十三日午后《ママ》八時三十分頃　四、五十名集合し港に来り遂に米の輸出を止めたのである。

之れが二十五日の或る新聞（富山日報）に報導され米屋を襲ふ一揆と題する記事が記載された。

七月二十七日岩瀬、八月二日泊町に二十名乃至三十名騒擾した。

八月三日午后八時三十分頃西水橋町に百五十名の女が石金長四郎、藤木次郎平方を襲ひ　米を安く売る様又他府県へ輸出致さぬ様歎願した。之が又四日の新聞（北陸タイムス）に報導された。

五日には全国の新聞に報導された。

五日滑川町に午后九時三十分頃最初五十名なりしか順次増加し　斎藤仁左ヱ門、金川宗左ヱ門方を襲つた。六日午后三時金川宗左ヱ門方へ千百有余名襲つた　此処に於て郡長署長　調停に入り皈宅した。八日滑川町仲仕二百名歎願し女も出て　投石し　又は暴行の上川に入れ器物を破壊せしため　三十名は　警察犯処罰令二十名は強談威迫に依り処分されしため　同日六百五十名集合し暴行せし為め　全国の新聞に報ぜられ　九日に和歌山愛知並に三府二十五県に波及したのである。

補論　横山源之助と米騒動

1　横山源之助と米騒動

富山県下新川郡魚津町（現魚津市）は大正七（一九一八）年米騒動の発祥地であるが、初期労働事情の古典『日本の下層社会』（明治三二年）を、開幕期労働運動にたずさわりつつ著した横山源之助の出身地でもある。

横山源之助が世を去ったのは大正四（一九一五）年であるから、それから三年後一道三府三二県におよぶ、ほとんど日本全土を席捲した米騒動が彼の郷里の浦が発火点となって起っていることを勿論知らない。

しかしながら、生前の横山には前期米騒動に関する作品が二つある。その二つの作品は予知的であり、一九一八年の米騒動は横山が書きのこした二つの作品の状況をなぞったように起きている。それはこの地魚津が他の富山県下の浦々とともに幕末以来明治・大正にかけ累年大小の米騒動を惹起してきた、その行動様式が伝統的にほぼきまったものになっていたからであろう。

その二つの作品とは、

一、「世人の注意を逸する社会の一事実」（『国民之友』第三四〇～三四一、三四五～三四六号、明治三〇・

三・二〇〜）

一、「地方貧民情況一斑――一種の貧民救助」（『労働世界』第一二号、同三一・五・一五）

である。前者は明治二二（一八八九）年一〇月一二日の、後者は同三一（一八九八）年四月下旬の、魚津にあった米騒動の報告である。ところが、この二つの米騒動については、大正七（一九一八）年八月富山県警察部作成「富山県下ニ於ケル米ニ関スル紛擾沿革一覧表」に記載がない。また戦前、戦後の研究、例えば、昭和一四（一九三九）年検事吉河光貞『所謂米騒動事件の研究』（司法省刑事局思想研究資料）や、長谷川博・増島宏「「米騒動」の第一段階――富山県下現地調査を中心として」（法政大学社会学部『社会労働研究』第一、二号）、あるいは井上清・渡部徹編京都大学人文科学研究所『米騒動の研究』にも記載はない。ただその後の青木虹二『明治農民騒擾の年次的研究』中の年表に記録されたのみ。

青木虹二の典拠は、明治二二年一〇月のものは『時事新報』であり、同三一年四月下旬のものは横山が『労働世界』誌上に載せた記事に拠る。そこで、『時事新報』を見てみると、「◎細民の噪動　越中国下新川郡魚津町にては去る十三日の事なりとか同地より米穀を輸出せんとて同港碇泊の汽船に運搬の際細民等は之を不満に思ひ無慮二千余人の大勢がガヤ〱噪ぎ立ちて運搬を妨げ今にも大事に至らんとする勢ひなれば汽船は一時同郡石田村沖合へ転して難を除《さ》けし程なりしが其筋の吏員出張の上懇々と説諭せしを以て漸く静まりたりと云へり」（二二年一〇月二〇日）とある。横山の「世人の注意を逸する社会の一事実」には参加人員の記載はなく、これを一〇月一二日と記す。『時事新報』は一〇月一三日といい、参加人員二千余人という。この数は、当時の人口一万三千人、戸数三二〇〇、窮・細民にあたる免税・納税不能者二一七四戸の数にほぼ相当する(「地方の下層社会」)。一方の同三一年四月下旬の騒動は「貧民の一部は夜中火事と呼ばはり数十名某米仲買商の宅に闖入し器物を破壊」「警官の捕縛に会ひ富山地方裁判所へ送られ」(『労働世界』)、はては救助米を出すに至ったもの。

横山源之助が報告している、明治二二年一〇月一二日(一三日か)の二千余人が参集した大騒動も、同三一年四月下旬警察が捕縛し裁判所送りになったほどの事件も、富山県警察部作成一覧にはないのである。ただの二件とみるべきか、二件ともともとみるべきか。さいわい、近年の研究は県警表の杜撰、隠蔽ぶりをするどく指摘していて、新しい研究はそのようなところからはじめられていることはよろこばしい(井本三夫「米騒動考」[『北日本新聞』一九八七年七月一八・二一・二二日]。米騒動史研究会北陸支部「米騒動の日付修正と「米騒動の研究」・「細川資料」の限界」[『歴史評論』一九八八年七月])。

横山源之助は米騒動の報告においても先駆であったことは今見たとおりである。ところで、横山源之助が「二千余人」が参加した明治二二年一〇月一二日の魚津の米騒動を直接見聞したように誤解されている向きもあるようなので、一言添える。明治二二年一〇月当時、横山源之助は東京法学院(前身が英吉利法律学校、後の中央大学)に在学中であり、魚津には不在である。後毎日新聞記者となった横山源之助は同二九年夏から三〇年春にかけ、小作人生活事情を中心とした、「地方の下層社会」他を報告するため、家郷魚津に滞在した。そのとき、去る二二年一〇月一二日魚津に大きな米騒動があり、その騒動をきっかけにして一種の貧民救助制度が創設されたことを聞き、そのことを漁民報告として書いたのが、「世人の注意を逸する社会の一事実」である。また、もう一つの「地方貧民情況一斑――一種の貧民救助」は、『労働世界』(労働組合期成会機関誌）誌上にある無署名記事であるが、それは片山潜らとはじめた貧民研究会に報告するため、横山が「在富山県魚津地方の一知人」よりとりよせた通信を同誌上に載せたものであり、いわば「世人の注意を逸する社会の一事実」の追報に等しい。序でにもう少し。横山が前記二文の米騒動報告のなかで評価した一種の救済制度とは、『魚津市史』近代編に「明治二三年に誕生した魚津町の予算案と町長の事業報告書には、貧民救助法が提案、報告されている」とあり、すでに母胎があり、改正を経て、いくつもの米騒動、一九一八年のときにも活用され、太平洋戦争後に生活保護法が成立するまでつづけられたという。それはちいさいながらも為政者であった町当局の神経にとっては幕藩体制下の備荒政策の復活、準用にすぎなかったとしても、漁民の女衆の不条理をただそうとする運動である米騒動の力がかちとった制度であったことにちがいがない。米騒動の側面にはこのような成果もあったことは記憶されるべきであろう。

2　聞書断片

大正七（一九一八）年の米騒動でさえ、まだ明らかでない面がいくつもある。その発祥の地が富山県魚津であるというなら、

①その発進地区はどの漁師町であったか
②その指揮者が誰であったか
③井戸端会議があった井戸とはどこにあったか
④その経緯は

小さい事柄のようで、それこそが歴史の躍動の核心部であるはずだ。いまなお曖昧なこれらの問題に多少とも迫ってみたい。

余談めくが、私も魚津の出身者である。昔私がした聞書が一つある。その紹介から始めたい。

昭和二九（一九五四）年長谷川博・増島宏「「米騒動」の第一段階」が出た直後、昭和三〇年に帰郷したとき、私の友人の母親江口つた（明治二五年生）から話を聞いた。その翌昭和三一（一九五六）年九月、魚津町の過半を焼失する大火があって、わが家がなくなる一年前。江口つたは初動者「四十六人」の一人である。明治四四年から昭和五年、私の友人三郎を末子とするまで隔年子供を生んできたという多産なこのひとは、漁師町特有の赭ら顔の、見るからにおっかない、進学問題で訪れた私たちの教師をにべもなく逐い帰したほどのひとである（富山県下の漁師町の嬶天下は有名だが、とくに魚津は最たるもので、巾着のひもをがっちりと握り、進学問題さえも親父に発言権はなく、かかさの一存できまった）。

今から四十数年前の古ぼけた帳面の片隅に、そのとき私がびびりながら聞いたきれっぱしがメモされてある。それを拾う。

「普段のときでも、ととさだけが米の飯を食べ、女、子供は代用食を食べていた」

「釜底の飯はくわすな、といい（釜の）真ん中の飯だけをツゲ（曲物弁当箱）に詰めた」（底は海底＝遭難に通じるから）

「野の草、海の草を主とし、米を少し混ぜて主食とした」

「海の草に一つだけ食べられない草がある。それ以外ならなんでも食える」（言い伝え）

「八月を鍋割月という、中に入れて煮る米がないから」

「二、三日分の米を二、三日毎に買いに行った」

「一升十銭であった米が二十銭、二十五銭に騰った」（二五銭になったのは大正七年二月二日魚津町浜多米店）

「米店の前や、そこらの電信柱に貼紙をはり、葉書をとばした」

「でき町一帯一家一人主義の動員であった」といい、さらにそれを繰り返し「でき町一帯のかかたち、一家一人位ずつ出た」ともいう。

「直接米屋へ出掛けた」

「米を他国へ出してくれるなと交渉した」

「警察の干渉があって、逃げた」

「ねんねをおんぶして行った」

「指導者は高町のたっきゃさ（家の呼称＝苗字滝本、今は絶家）のおばば」

「わたしら若いあねまは、おとろしくって、そのおばばの前ではよう口もきけなかった」「そのひとの命令ならなんでもきかなきゃならなかった」

「仲仕（宿）へ押しかけた」

「数日間」

「蒸気（船）が来る時を仲仕の男衆がかかたちに連絡してくれた」（仲仕の過半は縁故者）「米の積出時におしかけ、（仲仕に）つながっておさえた（米）」

「晩に積み出すことになった」

「このときも、仲仕は女衆にしらせてくれた」

「晩の出荷時に再度襲撃して、（米を）おさえた」

「一晩中の坐りこみ、見張りもやった」

「警察の干渉となった」

「男のひとが一人、大町の□□小路の青物屋さん、女が何人か拘引された」

「警察へ女衆が押しかけ〝その男《ひと》はなんにもしておられんがや、その男をつかまえるのなら、わたしらをつかまえて下はれ！〟とがなりたてたら、解放された」

「汽車で米を出すというので、停車場道へ行って荷車をおさえた」

「魚津では、明治四五年のときのほう（米騒動）がもっと大きかった」

「にかいどう米騒動もあった」


私のそのときのメモには、意味不明の「むしろ旗騒動」などという記載もある。その不完全きわまりない聞書は日時不明のうえ、かつ漠としすぎているかのように思われる。しかし、既往の成果をかりて、今これに焦点をあててみるとかなりはっきりしてくる。すなわち、この年の魚津の米騒動が三次にまたがってあったとされるが。

①第一次の実力行使の日以前

②第一次＝七月二三日女四六名が汽船伊吹丸の米積出しを阻止した日

③第二次＝八月五、六、七日、婦女約百名が米仲買店、有力者宅に押しかけ、役場に迫ろうとした日々

④第三次＝八月二五日約五、六十名の女が停車場道で米の搬出阻止を行った日。

江口つたの話は以上四つの事柄にほぼ分けられると考えられる。

3 経緯

幕末から明治期、累年のように米騒動をくりかえしてきたこの地には、ながい伝統と経験の結果、ほぼきまった騒動の順序と形式ができあがっていたようである。横山源之助が報告している米騒動と一九一八年の米騒動が似ているのはそのためだ。それはあちこちから恣意的、散発的に起こるのではなく、累年それを担ってきた、ある確定的な地区がなければならず、さらにそこには、講や結いのような慣習があって、それを統べるような経験に富んだ、加えて騒動も何度も体験してきた、その出動の時や、どう行動するかという行動の様式を決定、指示する主導者がいなければならない。一九一八年の米騒動も、この三つの要件を逸脱するものではなかったはずだ。

それなら、騒動の順序と形式とはなにか。横山源之助の記述をかりるまでもないが、まずその二つの先例からふりかえっておこう。

「米価は八九円に騰るべしと称するに及ぶ。俄然として、一夜細民の群をなして路上を往来するを見る、米商の姓名を呼び罵詈の辞句を半紙に記して橋の畔、電信柱に張れるを見る、日を経るに随ふて益々喧騒を致し、或は米商の門戸に石を擲ち、甚しきは米商某を殺すべしなど放言するを聞くことさへあるに至る」(明治二二年一〇月のとき)

「春来一二回貧民(多くは漁民)夜中群を為し競うて何か訴うる所あらんとせしも未だ真実窮乏の極に陥らぬ故にや警官の一令直に解散し未だ大事に至らず烏合の衆たるを免れず候米商の前に貼紙を為し端書などを飛はす候様なる事は時々有之趣」(同二一年四月下旬のとき)。

まず、こういう前駆行動がさきにあって、後に実力行使である汽船の米積出阻止や、米仲買商宅に押しかけるという行為に移っているのである。すなわち、図式は、米価高騰―井戸端会議―井戸の主の決定―役割分担―貼紙・葉書―夜間呼ばわり―米仲買商交渉―町会議員・町役場へ、明治二二、二三年の米騒動で創設させた貧民救助会積立基金支出要求―汽船積出実力阻止―これらの順序と行動を繰り返し行う。こういう行動様式がながい間に定型化していたのである。

そして一九一八年の場合。前年前半まで一升十銭をきっていた米価がじりじりと騰りはじめ、江口つたが強烈な記憶として口にした「十銭が二十銭、二十五銭」に急騰した二月前後には、彼女らはもう動きはじめていたのではないか。彼女らが担ってきた伝統の自負と慣いから。まして三倍(三十銭)を超えた六月下旬には。前駆的行動、貼紙をし、葉書をとばし、米仲買商へ何度も押しかけ、夜の町を呼ばわり歩くなど。そして実力行使直前になると—具体性に欠ける七月一八日説（『高岡新報』）はおくとして、「二十日未明同海岸に於て女房共四十六人集合し役場へ押し寄せん」（『北陸タイムス』七月二四日）とした、あるいは騒動の二日前浜多米店へ「四十人ほどが押し寄せた」（『朝日新聞』一九一八年六月三〇日）という事象を合せ——江口つたが仲仕宿へ押しかけたといい、「数日間」、「一晩中の坐り込み、見張り」をしたという一触即発の緊張の状態があって、ついに七月二三日汽船伊吹丸の米積出を実力阻止して事件にいたる。これが前駆段階から実力行使段階へ移る経緯であったにちがいない。

そして、七月二三日から八月二五日停車場道で貨車積出を妨害するまで、約一ヵ月間の表面に現れた米騒動の期間があり、さらにこれに続いて、積立基金を獲得して一応収束に向かう後段階がある。これが前駆・実行・獲得と三段階をもった米騒動の全容であったろう。あるいは、後段階は九月一七日福岡県明治炭鉱でおさまるまでとしてもいい〔註〕。

〔註〕一九一八年の米騒動の起源は、従来ほぼ定説化した魚津における七月二三日説と、これに反論する、より早い日にもとめる説（水橋の場合七月上旬—井本三夫、米騒動史研究会北陸支部）があるが、それは何をもって「騒動」とするか、実力行動が事件化し表面化した日をいうか、前駆的予備段階もふくめていうか、説のたてかたによるのであろう。

4 発進地区

つぎに、女衆「四十六人」というのが、どの展開面にも現れる固定数であることに注目したい。それなら、その四六人の出撃地区はどこであったか。これがはなはだ曖昧なのである。現在ですら。ただ「漁師町」

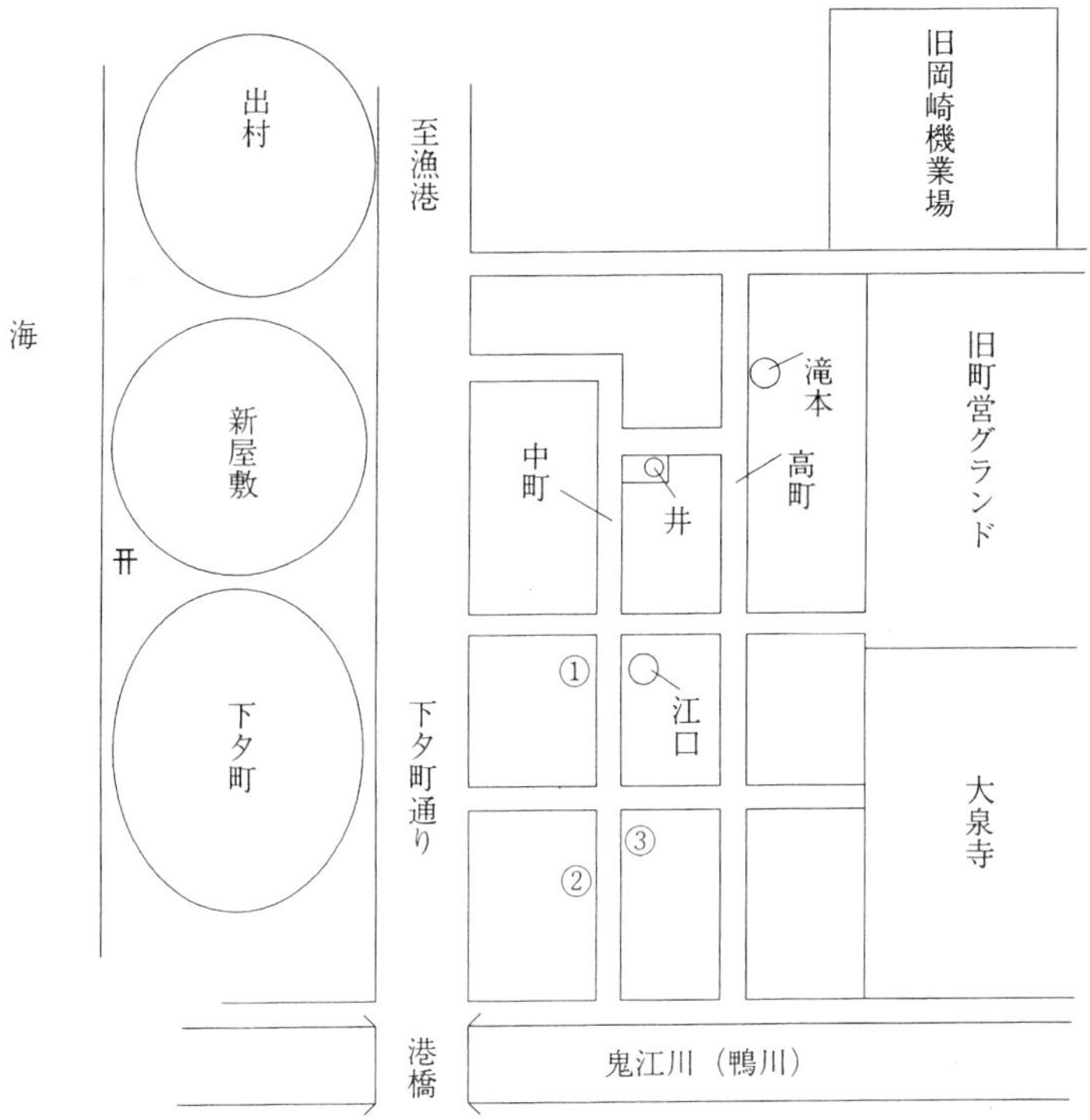

高町・中町地区

注：①②③は木村・浜本・坂井。
出所：拙稿「横山源之助と米騒動」『大原社会問題研究所雑誌』第487号、1999年6月。

「漁師部落」でいいだろうか。魚津の漁師町はいくつかの地区に分れ、かつ広域である。どこの地区か。

　すこし振り返ってみよう。

　騒動を最初に報じた『北陸タイムス』（大正七［一九一八］七月二四日）からして、「上下新猟師町」とありもしない町名を書く。また、「客月十八日」ともっとも早い日付を記した、後日の『高岡新報』（八月九日）にいたってはただ魚津町の「細民婦女」というのみ。

　だが、さすがに現地聞書類、たとえば北日本新聞社編『証言米騒動』（北日本新聞社、一九七四年）、田村昌夫等『いま、よみがえる米騒動』（新興出版社、一九八八年）、紙谷信雄「魚津町における一女性の歩み」(『魚津史談』第二号、魚津歴史同好会、一九七九年)、「魚津米騒動——歴史を歩く」(歴史教育者協議会編『月刊歴史教育』一九八〇年一二月)等はほぼ「新下猟師町」を指している。当然のことである。

しかしながら、新下猟師町といっても実は広い。一九一八年魚津の戸数三千二百余、人口一万四千余、漁業四百八十戸、約千人。新下猟師町は新上猟師町とともに、幾つもある漁師町の最大の町であり、明治四年でさえも「弐百四軒」あった。新下猟師町(現諏訪町)とは行政区称であって、昔からの呼称はでき町(またはでけ町)である。でき町は鬼江川(鴨川)の流れる右岸一帯の漁師町の全体を指し、そこは高町、中町、下夕《した》町、新屋敷、出村町と、別個の呼称をもつ各町区に区分けされるのである。各町は諏訪社の夜祭におのおのが帆掛け船になぞらえた、あの摩天楼にまがう巨大な提灯のタテ物を一基ずつ有しているように、町内会も別々であり、小さいながらもそれぞれが独立した町区である。町役場からみれば、税負担三分以下の、一緒くたに下口の漁師町にすぎないかもしれないが。

それなら、四六人の女衆がどの地区から出たか。この人数が中核隊であり、かつその地区こそが震源地にちがいなく、前進基地でなければならぬ。私がかつて聞書した江口つたは中町であり、指揮をしたたっきゃさのおばばは高町である。紙谷信雄氏の「魚津町における一女性の歩み」を援用すれば、中町育ちで、堀井酒屋の前の家(新屋敷)へ嫁にいった話し手川岸きよは「井口《ママ》ツタ、板井ツギ、木村のおば、浜本のおばあちゃんなど」にさそわれて、仲仕宿へ押しかけたという。紙谷氏は書いてないが、井口(=江口)ツタは勿論板井ツギも、木村、浜本のおばばも、みな中町の人たちである。とすれば、高町、中町をもって震源地区、前進基地とみなしていいだろう。女衆四六人とは高町、中町連合軍であったにちがいない。そして、江口つたのような若手らでさえ、明治四五年の騒動など、二、三を体験していたのである。かくして、つぎには血縁、地縁が重なり合った隣接地区下タ町、新屋敷、出村へと、でき町地区一帯の一家一人の動員が呼びかけられたのであろう。それが「百余人」の数だ。

5　井戸の所在

さて、つぎに井戸はどこにあったか。

実は一九九九年同級会出席のため帰郷したおり、知人を伴い、そこへ行ってみた。ところが、井戸と洗い場のあったところには、その分だけ潰し、隣家が半分横にはみだすように増築され、また井戸の左隣の小家も壊され、車二台を置く駐車場になっていたのである。まるで削り取ったように、井戸端のあった場所のみがまったく様変りしていた。

近所の年寄に聞けば、その井戸がなくなってから、もう何十年も経つという。おもえば、この間には町から市に変った魚津市の水道の敷設があり、盥や桶を駆逐する洗濯革命があった。各戸に水のなかった、この辺でも、共同井戸はもう必要なくなっていたのである。私こそ迂闊であった。時代の変革の波はここにも当然押し寄せていたのである。今、昔そこに共同井戸のあったことを知るのは、この近所でももはや一部の年寄のみらしい。あと十年、二十年経てば完全にそれは忘れ去られるのであろう。

ともあれ、歴史の井戸端へ案内しよう。

さいわい、この地区は戦前戦後さほど変っていない。変ったことといえば、日中戦争が始まったころ、中町の下手にあった、下夕町の家並・道路一筋がつぶされ、いまの広い下夕町通りができたことと、高町の背後の、大泉寺裏の田圃が町営グランド（後市営住宅地）になったことぐらいであろう。

高町、中町地区は、海側にある下夕町、新屋敷、出村地区ともちがい、海からもっとも離れており、浜辺を散策したり、あるいは海岸寄りの諏訪社を詣でる人たちも、めったに足を向けない地区である。魚津のひとでも高町・中町通りを歩いたひとは少ないだろう。したがって、そこにあった共同井戸を知る者はさらに少ない。米騒動の目撃者であり、研究者であった先年亡くなったI氏でさえご存知なかったという。

くわえて、高町、中町は小家が密集している地区である。そして高町、中町の狭い両通りはタテに二列、ハモニカ長屋かのように、背中合わせに並んでいる。鬼江川（鴨川）のほうから入っていくと、丁度どんづまりに近く、高町、中町を結ぶところに、高町、中町の人たちが共同で使う井戸と洗い場があったのである。

その井戸・洗い場というのは、伏流水の豊かな魚津のあちこちにあった、溢れ出る水を利用して即席の洗い場ともなる貯水槽や、新屋敷に一つあったと記憶する少人数用の井戸端（堀井酒屋裏）ともちがい、大きな井戸端であった。沸井戸であったか、引井であったか。友人江口三郎の記憶もかりていうと、全体の広さは一間半×一間半、片側に井戸があり、それは径三尺の土管の円井戸で、高さが腰位まであり、いつも水が溢れ出ており、片側が洗い場である。下はセメント床、七、八人の者が寄り合って、鍋釜のゆすぎ、洗濯を一緒にできるほどの広さがあった。上は低い片流れの板葺きであったか、井戸と洗い場の全体をすっぽりと蔽う屋根がかかっており、壁はなく、出入り自由の吹き抜けの小屋のようであった。素朴な拵えであるが、こういった小屋掛けした整った井戸端は、私の記憶ではここ以外魚津のどこにもなかったはずである。この井戸端の在様は、米騒動は井戸端会議から始まったという成語がけっして修飾でなかったことを正しく裏付けている。

この井戸は高町、中町が接点をなす角にあるが、そしてそこには、昔米騒動を行事のようにしてきた、たっきゃさのおばばのような経験豊かなひとがいて、水場に来るおばば、おかか、あねまらの女衆をなにかにつけてリードしていたのであろう。

いま、井戸のあった角に立って、高町、中町の二つの通りを見渡せば、成程家数六、七十軒はあるであろう。一家一人の動員という、江口つたのいった言葉がよみがえる。四六人の女衆はまさしくここから出撃した。

むすびに

鍋割月という、いかにも古代・中世的な言葉は今日まで日常のなかに生きてきた。それは歴史の遠さをおもわせる。

米騒動は幕末からあったとされる。浦々にあった義倉の存在は、はるかな米騒動の歴史を物語る。生活史と民俗史の掘り起こしが必要ではないだろうか。

漁師町の女、子供は地曳網をひきに行き、その後女衆はさそいあってよくお茶をのんでいた。

私は下夕町の港橋の袂で小学校に入り、その後鬼江川（鴨川）を背にした餌指町に引越したが、その餌指町のわが家の向いにあった大きなかます場（莚や叺を入れておく倉庫）の中で、漁師町のおかかたちが二、三十人坐りながら、何かを声を揃えて唄い、北海道へ送るための莚を織ったりしていた。また、背にホイ（柴）を負い腰を屈めながら、数十人のおばば、おかかたちが一列につらなって来るのを見たが、おそらくそれは年に一度定められた日に入会山へ行ってきた帰りであったろう。

いま、そういう人たちを憶いだす。やはりそこには講というか、結いというか、そういうものがあったのではなかろうか。おそらくは井戸にもなにかとりきめが。そしてその世話役らがいて。なんらかのそういう基盤があったのであろう。

発言権も、決定権も女衆に握られていた男衆は、女どもは暇だったからと、やっかみ半分に対岸視するが。

なぜ米騒動が続発したか。

なぜ男衆でなく、女衆であったか。

米騒動は富山県下の浦々に呼応して起こる年中行事のようなものであった。それは米価が高くなると米の輸出を止め、米価をおさえようとする、米どころなるがゆえに起きた。そして女たちがそれを遂行する特異な性格をもち、しかもそれは幕末期から近代にかけ半世紀以上の永きにわたって持続されてきた、他に例をみない持続運動であった。それはもはや一揆とか騒動という事件用語をもって呼ぶよりも、騒動的性格を帯びた、一種の長期運動であったといっていいだろう。維新はじめに続発した百姓一揆も、自由民権運動その他近代に発生したすべての民主主義運動も、これに比べれば、一時的、単発的であったろう。〝元始、女性は太陽であった〟の名語をのこした、平塚雷鳥ら青鞜社の女性解放運動も、はるかに後発のものであった。

米騒動の女たちは米価騰貴が米仲買商らの相場師的投機のからくりにあることをするどく見抜いていた。それゆえにみずからの要求を連帯して灯しつつ、不条理とのたたかいを誰よりも早く始め、誰よりも永く持続してきたのである。その意味で、大地に足をつけた彼女らの米騒動の運動は日本近代におけるあらゆる民主主義運動や女性運動の嫡流であったといっていい。それは明治・大正・昭和民主主義の地平をひらく基となった。

米騒動を主導してきた、この地は日本の民主主義と女性運動の聖地にひとしい。

米騒動が中世型であったか、近代型であったか。農漁村型であったか、都市型であったか。そういう議論に私はあまり意味を感じない。

自分らは野の草、海の草ならなんでも食べ、艪を漕ぐものたちの米のために立ち上がった献身と愛の女たち。

〝その男《ひと》をつかまえるのなら、わしらをつかまえて下はれ!〟とおらんでやまなかった情と責任を知っていた女たち。

海鳴りの底からわき出てきた、知と力と愛のわだつみの女たちが歴史に刻みつけた足跡はけっして消えることはない。今日、なにをなすべきかをおしえてやまない。

（『大原社会問題研究所雑誌』一九九九・六改稿）

参考文献

井上清・渡部徹編（京都大学人文科学研究所米騒動研究班）『米騒動の研究』全五巻、有斐閣、一九五九〜六二年

歴史教育者協議会編、井本三夫監修『図説 米騒動と民主主義の発展』民衆社、二〇〇四年

吉河光貞『所謂米騒動事件の研究』（思想研究資料、特輯 第五一号）司法省刑事局、一九三九年（昭和13年度思想特別研究員検事吉河光貞報告書）

吉河光貞『所謂米騒動事件の研究 抄』（公安関係資料、第三輯）法務府検務局、一九五二年

吉河光貞『所謂米騒動事件の研究』農民運動研究会、一九五九年（昭和13年度思想特別研究員検事吉河光貞報告書『思想研究資料』特輯第五一号、司法省刑事局昭和一四年刊の複製）

田村昌夫ほか『いま、よみがえる米騒動――特高資料発見』新興出版社、一九八八年

長谷川博・増島宏「「米騒動」の第一段階――富山県下現地調査を中心として」法政大学社会学部学会編『社会労働研究』第一、二号、一九五四年一、十一月

松井滋次郎聞き取り・井本三夫編「東水橋米騒動参加者からの聞き取り記録」越中史壇会『富山史壇』第一一一、一一二号、一九九三年七、一一月

長谷川博先生追悼文集編集委員会編『鳩笛――長谷川博先生追悼文集』同会発行、一九九五年

紙谷信雄「魚津／米騒動―歴史を歩く」『月刊歴史教育』一九八〇年一二月号

紙谷信雄『米騒動の理論的研究』柿丸舎、二〇〇四年

井本三夫『水橋町（富山県）の米騒動』桂書房、二〇一〇年

勝山敏一『女一揆の誕生――置き米と港町』桂書房、二〇一〇年

庄司吉之助『米騒動の研究』未来社、一九五七年

細川嘉六『細川嘉六著作集　第一巻　帝国主義と日本』理論社、一九七三年
北日本新聞社編『証言米騒動』北日本新聞社出版部、一九七四年
布施辰治『〈法廷より社会へ〉生きんが為に――米騒擾事件の弁論公開』布施辰治法律事務所、一九一九年
斉藤弥一郎『米騒動』斉藤弥一郎遺著刊行会、一九七六年
原田伴彦ほか監修、渡部徹・藤野豊編『近代部落史資料集成　第八巻　米騒動と部落問題2』三一書房、一九八五年
労働運動史研究会編『米騒動五十年』（労働運動史研究、第四九号）労働旬報社、一九六八年一二月
井本三夫「日本近代米騒動の複合性と朝鮮・中国における連動」歴史科学協議会編『歴史評論』第四五九号（米騒動70年〈特集〉）校倉書房、一九八八年七月
米騒動史研究会北陸支部「米騒動の日付修正と「米騒動の研究」・「細川資料」の限界」同前『歴史評論』第四五九号、一九八八年七月
増島宏「米騒動の現代的意義（米騒動70年）」同前『歴史評論』第四六三号、一九八八年一一月
増島宏「「米騒動」研究の成果と課題」前掲『労働運動史研究』第四九号、一九六八年一二月
法政大学米騒動研究会「1918年の「米騒動」にかんする文献」同前『労働運動史研究』第四九号、一九六八年一二月
金原左門・岩倉政治「米騒動とたくましき女性たち（歴史対談）」新日本出版社編『文化評論』第一九八号、新日本出版社、一九七七年一〇月
阿部恒久「明治期・新潟の米騒動における女房たち――女性史への一つの試み」前掲『歴史評論』第三一一号（日本女性史研究のすすめ〈特集〉）一九七六年三月
玉川信明「米騒動と女房たち」「日本の食生活全集　富山」編集委員会編『日本の食生活全集　一六　聞き書富山の食事』農山漁村文化協会、一九八九年
増田れい子「3人の母ちゃんの証言・コメ騒動から55年――現地ルポ　暑い米価シーズンの魚津」『サンデー毎日』毎日新聞社、一九七二年八月二十日号

板沢金次郎「米騒動の発端地 大正七年の魚津大町海岸を語る」『魚津民報』第八〇～八二号、一九八〇年
板沢金次郎「大正七年の／米騒動の発端を見る――魚津大町海岸」前掲『富山史壇』第八十二号、昭和五十八（一九八三）年七月
魚津市教育委員会社会教育課編『魚津の米騒動――資料集』同発行、一九九九年
魚津市史編纂委員会編『魚津市史』魚津市役所、上巻 一九六八年、下巻（「近代のひかり」「現代のあゆみ」二分冊）一九七二年、史料編 一九八二年
城山三郎『鼠』文藝春秋、一九六六年
ＮＰＯ「米蔵の会」編『魚津フォーラム「米騒動を知る」』同会、平成二五年
魚津市教育委員会編『昭和十一年十月編纂「所謂「越中米騒動」ニ関スル記録」富山県特高課』同会発行、平成二十六年

付記　参考文献を掲げるにあたり、大原社会問題研究所元所長早川征一郎氏にお世話になった。研究所の米騒動文献（図書・論文）から詳細な目録をつくってもらい、その中から、私が女米騒動のみを抽出し、簡易な目録とした。

あとがき

大正七（一九一八）年夏、日本全国の先頭をきって、米騒動にたちあがった女たちは、そのときまで、そっくり古代を生きてきた。海辺で。

正直にいうと、そんなことが、ふと私に、以下のような、愚にもつかぬことを夢想させた。――縄文時代は、いつわが国の歴史からたち消えたのであろう。それまでは歴然とあったのに。それは、おそらくは、この国が建国の緒についた、そのときに、同時に消えたのではないか。そもそも、その国の歴史とは、その国の権力者たちが自在につくるものだからだ。すなわち、そっくり囲みあげた濠や、城郭のようなものだから。

わが国の場合、それは水稲耕作、五穀農林化を決定付けた、弥生時代からはじまるのであろうか。海の者が、乾鮑を献上する以外に、ほとんど用がなくなって以来。すなわち、完全に無視される間柄になって。

勝者が弥生文化をまもり、その余慶に浴してきた日本の歴史。――貴族時代、士族時代。そして戦前、戦中、戦後。戦前の帝国主義時代も、戦中軍国主義時代も、戦後民主主義時代も、さほど変らず、カメレオンのように、たくみに時代色を呈して、釣合をとってきた。責任者不在の、防空壕のように強靱な、夥しい数の官僚たちや、準官僚、さまざまな毛色の学者や、知識人たちや、自我自愛にめざめたひとたちの群。

海に生きるものたちは海にいきるしかない。百姓が森や土にしがみついていきるほかに道をしらないとおなじように。どまんなかをいきるひとたちのはるか対岸にあって。一途なこのひとたちを、私は愛し、尊敬する。

——いざ、「あとがき」を書く段になって、何故か、しきりに縄文の歴史を見直してみたい気持におちいっている。主題の故であろうか。ここらで本題にたちかえれば、現在より百年前、米価暴騰に腹をたてて、どこよりもはやく糾弾にたちあがったのは、私の田舎の漁師町の、子供の時私も見知っている、おばば、おかかたちであり、そのおばばたちが私の背中に向かって、はやく真実を明かせと呼びかけてくる。また汚名をそそげともいっているようである。その呼びかけの声が、この町の魚屋の孫である私の耳に、単なる風の音の錯覚であったなら、私は世間様に汗顔をもってお詫び申し上げねばならない。それがけっして錯覚や大嘘でないことをただ願うのみである。

閑話休題。さて、あとがきの最後に、なによりも、四六人、あるいは六十人ともいう、党を組んでいた、さきがけのおばば、おかかたちに、特別に分厚い敬意を表しておきたい。つぎには、何年にもわたり、調査や、資料渉猟に力をそそいでおしまれなかった、故板沢金次郎、故高島順吾、中田尚、朝野幹子、麻柄一志ら、魚津市の先達諸氏面々にあつい感謝の念をおくりたい。また、この愚稿をさきに読んで叱咤勉励をくださった、大原社会問題研究所の元所長二村一夫、早川征一郎両氏。同研究所雑誌編集室のみなさん方に深くお礼を申し上げねばならぬ。さらには、愚稿上梓を即諾下さった、日本経済評論社社長栗原哲也氏。同社新井由紀子さん、編集室のみなさんには、つぎつぎとご迷惑（編纂作業にかかるや、すぐに私状で、二度も月余におよぶ入院騒ぎをひきおこした不始末など）をおかけした。にもかかわらず、さいごまであたたかいご援助をおしまれなかったことに、かさねがさね感謝申し上げねばならぬ。

二〇一四年五月二六日

立花雄一

著者紹介

立花 雄一（たちばな　ゆういち）
1930年　生まれ。
1963年　法政大学大学院修士課程修了。
1955～90年　法政大学職員。
主要業績
『評伝横山源之助――底辺社会・文学・労働運動』創樹社、1979年
『明治下層記録文学』創樹社、1981年（2002年、ちくま学芸文庫）
『王様の耳はロバの耳考――非王化を生きる文学序』近代文芸社、1990年
『下層社会記録の発生と展開』本の友社、1998年（『「明治・大正」下層社会探訪文献集成』別冊解説）
『下層社会記録の多様化と成長』本の友社、1999年（『「大正・昭和」下層社会記録文献集成』別冊解説）
横山源之助著『下層社会探訪集』編、社会思想社（現代教養文庫）、1990年（2004年、文元社）
『横山源之助全集』編、第1、2巻別巻1（社会思想社、2000～2001年）、第3～9巻、別巻2（法政大学出版局、2004～2007年）

隠蔽された女米騒動の真相――警察資料・現地検証から見る

2014年7月25日　第1刷発行　　定価（本体3800円＋税）

著　者　立　花　雄　一
発行者　栗　原　哲　也
発行所　株式会社日本経済評論社
〒101-0051　東京都千代田区神田神保町3-2
電話 03-3230-1661　FAX 03-3265-2993
URL：http://www.nikkeihyo.co.jp/
印刷＊藤原印刷／製本＊高地製本所
装幀＊奥定泰之

乱丁本・落丁本はお取替えいたします

Printed in Japan　ISBN978-4-8188-2329-7